Educação:

Guia para perplexos

Inger Enkvist

Educação:
Guia para perplexos

Tradução
Felipe Denardi

KÍRION

Educação: guia para perplexos
Inger Enkvist
1ª edição — maio de 2019 — CEDET
Título original:
Educación: Guía para perplejos
Inger Enkvist © 2019

Reservados todos os direitos desta obra.
Proibida toda e qualquer reprodução desta edição por qualquer meio ou forma, seja ela eletrônica ou mecânica, fotocópia, gravação ou qualquer outro meio de reprodução, sem permissão expressa do editor.

Editor:
Felipe Denardi

Tradução:
Felipe Denardi

Revisão & preparação:
Vitório Armelin

Capa:
Bruno Ortega

Diagramação:
Pedro Spigolon

Revisão de provas:
Thomaz Perroni

Os direitos desta edição pertencem ao
CEDET — Centro de Desenvolvimento Profissional e Tecnológico
Rua Armando Strazzacappa, 490
CEP: 13087-605 — Campinas–SP
Telefones: (19) 3249–0580 / 3327–2257
e-mail: livros@cedet.com.br

Conselho editorial:
Adelice Godoy
César Kyn d'Ávila
Silvio Grimaldo de Camargo

Sumário

Introdução ... 7

1 O contexto atual da educação ... 11
A realidade e a verdade ... 11
Educação coletivista ou educação pessoal ... 20
A educação na era do vazio ... 28

2 A educação como política do Estado ... 33
A nova pedagogia ... 33
A democracia e o igualitarismo ... 42

3 A tarefa fundamental da escola:
Leitura e socialização ... 61
Educar-se é aprender a ler e a pensar ... 61
A socialização ... 66

4 A educação de um jovem é uma colaboração ... 71
Os professores ... 71
As matérias ou disciplinas ... 80
As metas e os métodos de aprendizagem ... 87

	Os alunos	101
	As escolas	113
	Os pais	119
5	PROBLEMAS QUE REQUEREM AJUDA ESPECIALIZADA	127
6	CONCLUSÃO: O PORQUÊ DA CRISE DA EDUCAÇÃO E COMO SAIR DELA	135

Introdução

O que significa educar alguém e o que significa educar-se? A palavra "educação" significa várias coisas, e pode se referir à educação na família e também à educação escolar. Educar-se é ao mesmo tempo aprender conteúdos e aprender um comportamento. O presente texto se interessa pela educação em vários sentidos, mas seu enfoque principal é a educação escolar. Haverá capítulos sobre a educação das crianças pequenas e sobre os alunos nas escolas, capítulos sobre os professores e sobre os pais, sobre a escola como instituição e sobre o papel do Estado. Todos esses aspectos estão inter-relacionados e, para ilustrar essa interdependência, poderíamos pensar em triângulos.

Um primeiro triângulo seria a família, a escola e a sociedade, sendo o aluno o elemento que põe em relação essas três instituições. A família confia seu filho à escola durante alguns anos porque assim o decidiu a sociedade, que justifica a obrigatoriedade da escolarização garantindo uma educação de qualidade. Dessa forma, os professores são responsáveis perante a sociedade, e não somente perante os alunos e os pais, como às vezes se diz.

Em outro triângulo ligam-se o aluno, a família e o professor. Os pais apóiam o aluno e o professor para que o aprendizado seja bem-sucedido. O aluno se deixa guiar por sua família e pelo professor, e o

INTRODUÇÃO

professor não pode obter nenhum resultado se não colaboram com ele o aluno e a família.

Em outro triângulo, o didático, estabelece-se uma relação entre o professor, o aluno e a matéria. O professor ensina a matéria ao aluno, o aluno aprende a matéria com a ajuda do professor, e a matéria é ensinada ao aluno pelo professor. O aprendizado não é possível se o aluno e a família não respeitam a escola como instituição social. Este é o dado central da educação; simples assim. Nas páginas deste livro, haverá exemplos do que sucede quando se introduzem desequilíbrios entre os elementos; por exemplo, quando todo o enfoque está na vontade do aluno e se deixa de lado o professor e a matéria. A educação também costuma acabar mal quando o jovem não é apoiado por seus pais. Finalmente, tampouco se pode educar um aluno que não esteja presente na aula ou que simplesmente não o permita. O leitor notará algumas repetições no texto, e isso tem a ver precisamente com as muitas relações que existem entre os fatores que contribuem para a educação de um jovem.

Neste texto distinguem-se os docentes que trabalham com os alunos na escola, aos quais se chamará de "professores", dos "pedagogos", nome que será dado aos professores que trabalham na universidade com estudantes de pedagogia e futuros professores. Os professores estão vinculados à prática e às matérias, ao passo que os pedagogos não costumam trabalhar com matérias específicas. Os pedagogos tomam emprestados elementos de outros campos, como a sociologia, a psicologia, a etnografia e a economia, mas não existe uma teoria global da pedagogia, talvez porque o aprendizado humano seja imensamente complexo. Os técnicos falam de sistemas ultracomplexos, e de fato também se pode falar da educação como um sistema ultracomplexo. Quando se fala de pedagogia neste trabalho, pensa-se nos pedagogos que adotaram a *nova pedagogia*, da qual se falará mais adiante.

Este livro se interessa por toda a educação: desde a educação familiar da criança pequena até o final do ensino médio,[1] e constitui uma antropologia da educação no sentido de que traz observações sobre como funciona a educação no entorno social atual. Constitui também uma filosofia da educação, uma vez que pretende ser uma reflexão em pro-

---

1   Optei por traduzir o *bachillerato*, "bacharelado", pelo nosso correspondente atual no Brasil — NT.

fundidade sobre a educação. O texto, enfim, é uma síntese pessoal de experiências, leituras e reflexões, escrito sem notas de rodapé e sem bibliografia, porque quase tudo o que se pode dizer sobre a educação já foi dito muitas vezes por muitas pessoas, e a principal contribuição do presente livro consiste em mostrar como as idéias estão inter-relacionadas.

Uma particularidade da educação é a intensa politização a que está submetida, o que levou à introdução, na linguagem habitual da educação, de termos de conteúdo político. Palavras como *valores*, *educação ao longo da vida*, *inclusão* ou *multiculturalismo* têm um significado particular dentro do contexto escolar. Será utilizada a fonte em itálico para assinalar que uma palavra está sendo empregada no sentido específico adquirido dentro do mundo da educação. O itálico será utilizado também nas palavras citadas de outras línguas.

Um aspecto essencial do presente livro é a denúncia do tabu que nos impede de mencionar a relação entre a crise da educação no Ocidente e o igualitarismo permissivo que desprezou o aprendizado como idéia estruturante da educação, ou, em outras palavras, a combinação do igualitarismo com a *nova pedagogia*.

1 | O contexto atual da educação

No debate educacional, é freqüente o repúdio da educação tradicional, afirmando-se que "o mundo mudou" e que "os jovens de hoje são diferentes". Por isso, é necessário considerar alguns pontos de vista gerais sobre a educação. Falaremos do ideal da psicologia humanista, da importância dos conceitos de realidade e verdade, e mencionaremos algumas mudanças sociais e psicológicas atuais.

A realidade e a verdade

É impossível falar da situação atual da escola sem apelar para os conceitos de conhecimento, ciência, realidade e verdade. Partilhamos do mesmo mundo devido à nossa capacidade de nos basearmos no real, de contarmos com o real e podermos trocar idéias e impressões sobre o real. O que nos permite realmente entrar em contato com outras pessoas é compartilharmos um quadro comum e, além disso, termos uma inteligência que nos capacita para refletir sobre o real. Nem todos os pais de alunos sabem que existem muitos professores universitários, e entre eles muitos formadores de professores, que pregam que o conhecimento não existe e que não podemos saber nada a respeito da suposta realidade. Se negamos a existência da realidade, negamos também a existência da verdade, já que o conceito de verdade assinala a relação entre a realidade e o que se diz dela. O conhecimento não pode existir se não existe uma realidade cujas características conhecemos. Para as pessoas alheias ao mundo universitário, tudo isso pode parecer um mero jogo sem importância, mas as conseqüências são muito graves. Se não existe a realidade, então como podemos nos entender uns com os outros? Qual seria nosso terreno comum?

Se a realidade não existe, o professor não pode transmitir conhecimentos reconhecidos por todos. "Por que, então, não mudar a prática da escola?", pensam alguns *novos pedagogos*. Em vez de exigir que os alunos escutem e aprendam o que o professor ensina, façamos com que os alunos organizem eles mesmos sua jornada de aprendizagem, escolhendo os temas e seus métodos de trabalho. Assim se cria, supostamente, uma escola antiautoritária. Há uma conexão entre a idéia de que a realidade não existe e certa visão política e pedagógica. Se a realidade e a verdade não existem, não é mérito saber mais, mas sim, ao contrário, falar de conhecimentos é puro fingimento. A escola seria uma instituição hipócrita e só serviria para fazer pensar que os alunos de classe média têm mais méritos que os demais jovens, e por isso merecem ter um acesso privilegiado aos cargos de prestígio. Precisamente por isso alguns pedagogos e políticos pensam ser preciso limitar esses privilégios, fazendo com que o acesso à educação esteja aberto a todo momento e não seja influenciado pelos conhecimentos prévios dos alunos. Conhecimentos que, em todo caso, já vimos que não existem. Ademais, pouco importa que os alunos aprendam muito ou exatamente o mesmo, já que os conhecimentos não passam de opiniões tingidas pela subjetividade de cada um. Entretanto, surgem também problemas práticos, porque, como a escola justifica haver certas regras de conduta se cada aluno pode explicar seus atos conforme sua própria construção da verdade?

A expressão global dessa corrente de pensamento se relaciona com o pós-modernismo, e se caracteriza precisamente pela idéia de que a realidade como fato objetivo não existe, mas sim que cada um de nós vai construindo sua própria realidade, uma teoria que se tem chamado de construtivismo ou construcionismo. Obviamente, se todos podem construir sua própria realidade, a urgência do ensino diminui, ainda que a sociedade ocidental moderna pressuponha um pensamento objetivo para que funcione não só a tecnologia, como também a democracia, o bem-estar e a proteção jurídica dos direitos individuais.

Essas idéias, ensinadas aos futuros professores como se fossem fatos comprovados, desestabilizam a educação. Por razões que são ao mesmo tempo filosóficas, políticas e pedagógicas, foi-se introduzindo uma filosofia que semeia elementos de anarquia na escola. Não espanta que os pais não entendam muita coisa, já que nem mesmo os professores entendem completamente o que aconteceu. Essa filosofia difundiu-se no Ocidente apesar de suas contradições. Um exemplo é que, se a ciência não fosse objetiva e nem mesmo tentasse sê-lo, os resultados científicos seriam inúteis e deveríamos fechar todas as escolas, universidades e laboratórios do mundo inteiro. Contudo, não é isso o que vemos acontecer. Ao contrário, os países do Leste Asiático, que estão lutando para elevar rapidamente seu nível educacional, não perdem tempo com idéias desse tipo.

Poderíamos definir o conhecimento como uma crença justificada. Uma maneira de assinalar a diferença entre o ensino e a doutrinação é dizer que a educação doutrina quando apresenta como conhecimento o que é somente uma crença. Porém, se todo saber estiver impregnado de subjetividade, isso significará que todo ensino é doutrinação, o que é precisamente a opinião dos construtivistas dogmáticos. Mas é um argumento fraco e contraditório: o que os construtivistas não conseguem explicar é por que seria um bom método de estudo os alunos buscarem informação cada um por sua própria conta, tal como eles propõem, se a informação que vão encontrar é, por sua vez, caracterizada pela subjetividade do autor que a elaborou. O fato de o aluno buscar os dados não elimina a subjetividade, mas apenas acrescenta um elemento de acaso. Se negam a cientificidade da ciência, por que querem que os alunos busquem informação?

Fala-se de uma "sociedade da informação e do conhecimento", mas, paradoxalmente, o que encontramos é uma resistência à informação, um não querer aprender. Diz-se que o conhecimento não existe, mas, contraditoriamente, argumenta-se que é inútil aprender, porque os conhecimentos mudam rapidamente. E por que aprender algo que será considerado antiquado dentro de alguns anos? A resposta óbvia é que, se existe o avanço científico, deve existir o conhecimento. Para entender um novo dado científico é preciso haver uma base; e onde adquiri-la senão na escola?

Quando se repudia a escola, diz-se também que o que se ensina nela não passa de conhecimentos *formais*. Chamar de formal aquilo que a escola ensina revela uma atitude ambígua quanto ao valor dos conhecimentos. É como admitir a contragosto que existem os conhecimentos, mas que se prefere "outros" conhecimentos e "outros" possuidores de conhecimentos. Os catedráticos que ensinam que a verdade não existe não são sérios, porque, se fossem, deixariam seus cargos imediatamente.

Em vez de realçar que os conhecimentos capacitam um indivíduo para compreender melhor o mundo e tomar melhores decisões, tornando-se um adulto de proveito, muitos intelectuais e formadores de professores insistem em apresentar a escola como uma instituição social que só reproduz a desigualdade social. Essas pessoas não têm fé na capacidade da aquisição de conhecimentos que enriqueçam o aluno e o ajudem a compreender o mundo. Desviam a discussão do aprendizado — no qual, de qualquer modo, não crêem — para o uso social dos certificados escolares.

A expressão "a verdade não existe" é um exemplo de como se inventa uma expressão que depois se repete até que finalmente seja aceita por pessoas que não refletiram realmente sobre o que dizem. Em política se diz que, quando algo é repetido com suficiente freqüência, converte-se em "verdade", sendo ou não correto. Repetir e repetir é também o método da publicidade, e a novidade é que esse método está sendo usado em âmbitos intelectuais onde supostamente não deveria ter aceitação.

Também não se costuma entender bem o conceito de objetividade. No campo das ciências sociais, há muitos que pensam que, para que uma afirmação seja objetiva, deve-se dar tanto peso ao negativo quanto ao positivo. Por exemplo, ao falar da antiga União Soviética, nenhum intelectual ocidental a criticava sem elogiar imediatamente um outro lado, ou sem mencionar algum aspecto negativo do Ocidente. O objetivo era descrever os países democráticos do mesmo modo que os países totalitários, o que não é objetivo, é claro. Objetivo é descrever o bom e o mau conforme as proporções que correspondem à realidade. O mesmo ocorre na televisão quando se pretende ser objetivo dando a palavra a pessoas que proclamam opiniões diferentes. Isso não é ser objetivo, mas confundir o espectador. Para que o público entenda um tema, deve-se dar mais ênfase às explicações que melhor refletem a realidade.

Outra tendência não-objetiva que se impõe nos meios de comunicação é priorizar a informação recente em vez da importante. Por isso, vemos uma avalanche de "informativos", porque, se alguém quer atrair a atenção dos meios, o método mais usado é apresentar um novo informe para converter um tema geral num tema de atualidade. Outra tendência não-objetiva é tratar um assunto através da emoção. Depois de um desastre, pergunta-se às vítimas: "Como se sente?", o que desvia a atenção da explicação daquilo que aconteceu. Talvez não se devesse chamar de "informativos" os noticiários caracterizados por essas tendências.

A rapidez com que se diz que a verdade não existe é paralela à rapidez com que alguns pedagogos chamam de *pesquisa* a realização de tarefas muito simples entre os alunos de primário. Detenhamo-nos na palavra pesquisa como exemplo de um uso manipulador dos termos. A verdadeira pesquisa é longa, exige uma preparação cuidadosa, consiste em formular perguntas e buscar métodos para responder a elas, sem garantia de êxito. O que os novos pedagogos chamam de pesquisa é as crianças buscarem um dado na *internet*. Falar de pesquisa neste caso é uma corrupção das palavras com o intento de igualar as crianças aos adultos, e os não-pesquisadores aos pesquisadores, algo supostamente democrático. Esse uso da terminologia revela uma atitude anti-intelectual dentro da educação — isso quando há atividade intelectual —, e é um exemplo de falta de respeito pela verdade. O escritor francês Albert Camus costumava dizer que usar as palavras num sentido inexato é contribuir para a infelicidade do mundo.

O conceito de "cientificismo" pretende afirmar a ciência como o valor mais alto e único modo de acesso à verdade, o que não é algo em si mesmo científico, mas constitui, sim, uma visão de mundo, uma filosofia do conhecimento. Nota-se essa tendência cientificista na produção de trabalhos universitários que não trazem novos conhecimentos. De fato, a pedagogia como disciplina universitária está produzindo enormes quantidades de trabalhos, mas que não diminuem os problemas na educação. O ponto central do trabalho científico é questionar aquilo que se apresenta como verdade e, por isso, é particularmente notável que poucos pedagogos questionem e investiguem os dogmas da pedagogia atual.

A discussão sobre a realidade, a verdade, a ciência e a objetividade está relacionada com a ética, que visa a ação humana. Quando tomamos novas decisões, nós nos baseamos no que aprendemos e em nossas experiências, porque as decisões morais também são resultado de um aprendizado. A mente fixa as metas e o corpo executa. Desde Sócrates, saber em que consiste a verdade é a condição para agir de maneira virtuosa, porque o mundo do verdadeiro conhecimento e do ato virtuoso é apenas um, ou, dito com outras palavras, a epistemologia e a ética são duas facetas da mesma coisa. Os que contam com a "realidade da realidade" contam também com que o ser humano possa guiar-se por sua vontade. Contudo, bastantes intelectuais de hoje em dia parecem não crer que exista a verdade e tampouco lhes interessa agir de maneira virtuosa.

Se respeitamos a pessoa humana, se pensamos que o ser humano tem vontade própria e pode estabelecer metas em sua vida, então a educação deve convidar os jovens a aprender todo o possível para que possam se tornar as pessoas que querem ser quando crescerem. Da mesma maneira, pode-se convidar a praticar o reconhecimento do bem e do mal, e basear-se neste conhecimento na hora de tomar decisões. Se queremos que nossos filhos vivam vidas honradas e que sejam adultos adornados de virtudes, necessitamos de um ensino ético explícito. Precisamos garantir aos jovens um ambiente escolar caracterizado pelo respeito à verdade, para que possam reconhecer e experimentar como a vida melhora quando se respeita a verdade. Os conhecimentos e as habilidades podem contribuir para o bem, mas não têm um valor moral inerente como as virtudes. A ética nos permite sermos morais, sermos os donos de nossas próprias vidas e nos tornarmos o que queremos ser. Para ajudar o jovem nessa tarefa, o primeiro passo é afastá-lo dos ambientes nos quais se pregue o hedonismo e o infantilismo. O facilismo não faz dos jovens pessoas íntegras e independentes.

Tradicionalmente, para exigir uma boa conduta, a escola se apoiava nas leis do Estado, no respeito pelos adultos, no respeito pelo trabalho intelectual que exige esforço e honestidade, e nos preceitos da religião. Mas tudo isso foi varrido. Para ser posta em seu lugar, defende-se uma nova base que poderíamos chamar de *valores de convivência*. Entretanto, parece que a convivência que se propõe não está relacionada com o trabalho bem-feito ou com uma convivência culta, mas que é uma convivência fundamentada na única ordem de não ferir os sentimentos do colega ou do aluno, mesmo que ele se comporte mal! Um aluno pode se negar a obedecer e a trabalhar, e ainda assim ter direito a estar na aula incomodando os demais sem que ninguém se atreva a criticá-lo, porque quem critica é acusado de ser intolerante. Nos países ocidentais, as leis não costumam permitir que os professores atuem nos casos em que se observa a negação de trabalhar, a mentira, a ameaça, o insulto e até o roubo. Assim, os professores e a maioria dos alunos acabam sendo vítimas dos alunos que não querem aprender.

Se o docente é despojado de seu *status* de alguém que conhece a matéria que os alunos vão aprender, o que faz ele na sala de aula? Alguns alunos começam a tratá-lo como um palhaço, ao passo que outros o vêem como um terapeuta, alguém que deve estar ali para apoiar e às vezes consolar os alunos. Para eles, a docência já não é cultural ou intelectual, mas pertence mais propriamente aos serviços sociais ou de saúde. Nessa situação, os professores não têm nenhuma autoridade para exigir um certo tipo de conduta da parte dos alunos.

Deve-se permitir que a escola exija dos alunos um esforço para aprender, além da pontualidade e da apresentação digna, mas os políticos atuais parecem ter medo de qualquer regra que pareça moral. Nessa situação, a escola não pode garantir a tranqüilidade suficiente para que os alunos que querem estudar possam estudar. O Estado deveria permitir que se interviesse contra os alunos que não aceitam as regras de conduta, para que não destruam os possíveis sucessos da turma. É perverso falar de *inclusão* quando se mantêm na escola os alunos que a destroem. Também não se deve permitir que os alunos se dirijam de qualquer modo aos professores ou aos demais alunos. A liberdade de expressão não inclui insultar, porque o outro tem o direito de não ser insultado. A liberdade de expressão também não inclui o direito de manifestar sua opinião pessoal em qualquer momento, porque isso destrói a concentração dos demais. A escola deve ser uma passagem para a vida adulta, e não um prolongamento da infância.

Mesmo que se tente escapar da ética, é impossível. A ética está relacionada à ação; tudo o que fazemos tem relação com a ética porque expressamos nossas escolhas éticas cada vez que agimos, o que inclui falar. Ao escolhermos o que vamos dizer e como vamos fazê-lo, estamos realizando um ato que expressa um valor. Não somente a escolha entre mentir e dizer a verdade, mas praticamente qualquer palavra pode ser usada como termo de valor, e esse é outro ponto no qual confluem o aprendizado e a ética.

O ser humano se pergunta o que pode fazer e, dentre essas possibilidades, qual delas deve escolher. Nesse processo intervêm o conhecimento, o juízo e a decisão de agir. As crianças pequenas deixam-se levar pela circunstância, e os jovens demoram mais para desenvolver o juízo do que para aprender dados e habilidades mais pontuais. É um sinal de maturidade saber conduzir a ação conforme a reflexão e a experiência. O conceito pouco usado de *a-crasia* atrai a atenção sobre o contrário: a dificuldade de usar a vontade para dirigir seus atos, possível resultado de uma educação sem exigências.

Os três ideais da Antigüidade eram o bom, o belo e o verdadeiro, e há uma inter-relação entre eles. No contexto da escola, pode-se dizer que o ideal é que os alunos conheçam a verdade num ambiente belo e justo, e que o bom para os alunos é aprender o verdadeiro. No pensamento grego, a virtude intelectual consiste em buscar a verdade, enquanto que a virtude moral consiste em agir de maneira virtuosa. Assim, as duas virtudes chegam a ser duas facetas da mesma coisa. Isso constitui um contraste com a nova pedagogia, que distingue entre o *processo* e o *produto* da educação, privilegiando o processo, ou seja, o caminho, contra o produto, o resultado. Mas a virtude de que falava Sócrates é o produto, pois ele não falava sobre ter querido ser virtuoso ou ter querido buscar a verdade, mas de tê-lo feito. O ideal da Antigüidade combinava um bom comportamento com um desejo de conhecer a verdade e uma aversão pela falsidade, e tudo isso era ensinado. Um professor era alguém que dominava certa matéria, que a tinha analisado para poder ensiná-la e, ao mesmo tempo, que ensinava indiretamente as virtudes intelectuais, como a honestidade, a responsabilidade, a mente aberta e o costume de refletir.

A escola costumava proclamar desde o primeiro dia e de maneira muito clara quais eram as obrigações do aluno, tanto em relação ao estudo como à conduta. Ao mesmo tempo, desde o começo, o aluno aprendia que as letras se combinam para formar certa palavra e não outra, e que as somas produzem certo resultado e não outro. O aprendizado dos conteúdos e da conduta chegava a ser simultâneo. A idéia era que o aluno incorporasse bons costumes desde o primeiro grau, para depois continuar praticando-os durante o resto de sua escolarização quase sem se dar conta. Assim, as regras eram primeiro uma habilidade, e mais tarde, quando o aluno entendia a razão das regras, passavam a ser também um conhecimento. Para os primeiros passos, a escola tradicional usava também um modelo: o professor. O primeiro aprendizado era feito imitando o professor, modelando-se a partir dele. Com o tempo, o aluno podia adquirir mais autonomia e modificar sua conduta ou sua maneira de pensar, mas as mudanças não eram bruscas, porque haviam aprendido um bom comportamento. Dito de outro modo, tanto os conhecimentos como a conduta eram estudados primeiro com um bom professor que pudesse ser copiado. O passo seguinte era adquirir destreza e fluidez tanto nos conhecimentos como na conduta, ou seja, automatizar o que fora aprendido. Só depois o aluno estava em condições de trabalhar de maneira individual, e talvez introduzir algum reajuste no que aprendera. A convivência intelectual dentro da sala de aula se baseava ao mesmo tempo no aprendizado e em dizer a verdade, porque as duas coisas significam um respeito pelo real e pela verdade. Um aluno que se nega a aprender, um aluno que mente sobre ter feito a tarefa e um aluno que cola nas provas é alguém que não respeita o conhecimento, não respeita seu professor e seus colegas, e tampouco, por extensão, a sociedade.

Por tudo isso, o construtivismo representa uma virada na história do Ocidente. Tanto a tradição grega como a cristã contam com a existência de uma realidade real, ao passo que o construtivismo despreza e ignora a realidade, proclamando que a realidade é o que cada um considera ser real. A propósito, esta é também a epistemologia dos líderes totalitários que não respeitam a realidade, pois consideram que sua vontade pessoal é a realidade. Essas idéias não são novas, mas adquiriram em nossos dias uma importância prática como nunca antes, porque a crítica ao conhecimento se ligou à crítica ao Iluminismo e à tradição científica. O conhecimento não seria senão uma construção realizada pelo poderoso Ocidente para exercer seu poder.

Em suma, podemos falar de um valor lógico quando se vê um ajuste entre o pensado e o real. Podemos falar de um valor ético quando se busca e se diz a verdade. Estamos diante de um valor moral quando se age promovendo o bem. Os gregos viam na filosofia a arte de viver bem, que incluía viver conforme esses valores. A filósofa Hanna Arendt costumava lembrar a idéia grega que diz que as crianças são "os novatos", e que os adultos que já estamos no mundo há um certo tempo devemos mostrar nosso carinho pelos novatos ajudando-os a entender como é o mundo.

Em contraste com este pensamento, a idéia de estudar sem buscar a verdade e o bem parece um jogo vazio. Pensar que cada um tem sua própria verdade não nos ajuda a agir no mundo. Se não buscamos nem identificamos a verdade, tudo fica confuso, incoerente e caótico, e poder-se-ia falar de uma anarquia mental. Que sentido tem a palavra *diálogo*, tão repetida, se não se busca uma solução em comum? A palavra *tolerância* implica não protestar contra algo que se considera negativo porque, se se tratasse de algo positivo, não se diria tolerar, mas sim elogiar. Aonde vamos se o mau é aceito e o bom não é preferido? Como caracterizar uma vida cultural que enche os meios de comunicação de alusões à criminalidade e ao sexo e que é indiferente em relação à ciência? De niilista e hedonista?

Educação coletivista ou educação pessoal

As reformas educativas promovidas na segunda metade do século xx no Ocidente tiveram um impacto profundo no modo de entender a educação. Apareceu uma preferência nova e romântica que afirmava que, em vez de uma educação tradicional, o desenvolvimento de um jovem deveria ser visto como algo natural, espontâneo, individual. Do mesmo modo, impôs-se uma preferência pelo aprendizado prático e tecnológico em contraposição ao estudo teórico, apesar de o avanço econômico e tecnológico estar baseado no desenvolvimento intelectual.

Do mesmo modo, durante meio século muitos analistas da política educacional repetiram diversas vezes que os resultados dos estudantes são predeterminados pelo nível socioeconômico de sua família, o que implica que a educação não deveria mais ser concebida como uma batalha individual com conceitos e manuais, mas como algo que alguns estudantes adquiririam quase sem esforço de sua parte. Desde os anos 60, os pesquisadores de ciências sociais bombardearam o público com essa mensagem. Conseqüentemente, os políticos tomaram duas medidas: baixaram as exigências e multiplicaram o investimento no sistema educacional... Mas agora os sociólogos estão desconcertados: os resultados do pisa, publicados a cada três anos desde 2000,[1] mostram que não há uma relação automática entre investir mais e obter melhores resultados.

---

1 Programme for International Student Assessment (Programa Internacional de Avaliação de Estudantes), rede mundial de avaliação comparada promovida pela ocde (Organização para Cooperação e Desenvolvimento Econômico). O teste é aplicado por amostragem com estudantes na faixa etária dos 15 anos. No Brasil, o responsável pela aplicação do pisa é o inep (Instituto Nacional de Estudos e Pesquisas Educacionais), vinculado ao mec — nt.

Na educação tradicional, os professores eram vistos como um grupo profissional importante, necessário para reproduzir e desenvolver o nível cultural e intelectual da sociedade, mas desde maio de 1968 os ideólogos vêem os professores mais como um grupo burguês que atravanca a reforma escolar. A luta contra eles por parte dos políticos igualitaristas foi levada a cabo como se se tratasse de um processo de reeducação. A reeducação exigia que os professores mudassem sua maneira de ensinar, dando ênfase ao trabalho em grupo ou individual e ao uso da tecnologia. Os métodos de ensino deviam ser tanto ou mais importantes que o conteúdo, o que significava que aquilo que os professores haviam aprendido, os conteúdos, ia ser menos importante. Assim, o que se passou a valorizar num professor era algo que eles não haviam aprendido; em primeiro lugar e de modo muito especial, o manejo das tecnologias. A formação docente, conseqüentemente, centrou-se nos aspectos mais sociológicos e na tecnologia, mais que nas matérias escolares.

Por outro lado, em alguns países não era bem visto o fato de as escolas tomarem providências contra os estudantes que perturbavam as aulas. Começou assim uma tendência a culpar os professores caso os estudantes não aprendessem, com o argumento de que os professores deveriam ser capazes de motivar qualquer estudante, por mais recalcitrante que fosse. Melhor dizendo, chegou-se a considerar que esta era a principal tarefa de um professor.

O que sucedeu às matérias? Em geral, todas as matérias passaram a ser ensinadas pior nesse novo regime, mas as que mais sofreram foram as humanidades. Não é difícil entender por quê. As humanidades representam o passado; a história e a literatura olham necessariamente para o passado, e não para o futuro. A história, em maior ou menor grau, desapareceu do currículo porque o passado supostamente não tinha nada a ensinar aos jovens de hoje. A história foi sendo substituída, no plano de estudos, pelas ciências sociais, focadas no presente ou no futuro imediato. Na literatura, os clássicos foram considerados difíceis, desnecessários e sem importância. O tipo de material de leitura que interessava aos reformadores eram textos escritos especificamente para o ensino, que refletissem os valores sociais atuais, e tão fáceis que os estudantes pudessem entendê-los sem a ajuda de um professor. Na matemática, foram introduzidos novos métodos que supostamente modernizariam seu ensino e a tornariam mais fácil de entender. Quanto às ciências naturais, começou-se a organizar seu estudo em torno de projetos interdisciplinares relacionados à vida diária. Em resumo, o currículo foi se transformando de forma drástica como conseqüência da pressão desses reformadores, que ao mesmo tempo negavam de maneira irada que os alunos aprenderiam menos. "Não", respondiam, "aprendem tanto quanto antes, e se parece que aprendem um pouco menos no que se refere às matérias, isso se compensa pelo fato de aprenderem *outras coisas*" — uma fórmula com a qual os reformadores se referiam em geral à colaboração e à criatividade.

Centrar-se nos métodos e não no conteúdo teve repercussões importantes nos resultados, na organização escolar e no *status* dos professores. Com o tempo, viu-se que o interesse pelos métodos de ensino não parecia melhorar o ensino das matérias. Não, o que os reformadores queriam era suspender as provas e não comparar os novos resultados com os anteriores. Quando mudaram os conteúdos, os métodos, as provas e às vezes até o sistema de notas, os pais e os políticos demoraram a reagir, porque era difícil compreender exatamente o que havia sucedido como resultado das mudanças.

Um fator importante que permite entender por que se impôs de maneira tão massiva esse novo enfoque é que os supostos reformadores intimidaram seus críticos, acusando-os de serem antiquados, elitistas e carentes de sensibilidade social. Desde os anos 60, criticar as reformas escolares passou a significar tornar-se alvo de uma artilharia ideológica pesada, que atirava para silenciar seus adversários, definindo-os como inaceitáveis politicamente e até antidemocráticos. O tabu contra a crítica se mantém na discussão sobre a educação, e qualquer pessoa que se atreva a dizer que algumas coisas eram melhores antes da difusão dessas idéias reformistas é considerada reacionária e excluída do debate público.

No pensamento estruturalista, dominante nos anos 60 e 70, os professores foram vistos como "funções", como peças na máquina estatal. Em realidade, pouco importa neste caso quem sejam os professores, porque o resultado dos estudantes é considerado predeterminado por sua classe social. Os reformadores estruturalistas queriam que os professores se interessassem menos pelas matérias e pelos estudantes ambiciosos. Em contrapartida, pensavam que sua energia deveria se concentrar nos estudantes com problemas, o que parecia um convite a que todos os professores se convertessem em professores de reforço ou de educação especial. Os reformadores sofreram uma grande frustração ao comprovar que os estudantes não se comportavam tal como haviam dito: quando baixaram as exigências, os alunos passaram a estudar menos e o maior investimento não freou o declive dos resultados, e, é claro, não trouxe o século de ouro educativo com que haviam sonhado.

Na visão de mundo do estruturalismo e do pós-estruturalismo, os professores são considerados parte da burocracia estatal, dos serviços sociais, e não como pessoas que podem contribuir intelectual e moralmente com o aluno e com a sociedade. Seu possível conhecimento especializado numa matéria carece de interesse. Em outras palavras, não se considera os professores profissionais como os advogados, os médicos e os engenheiros, mas como funcionários de nível médio.

Como resultado de tudo isso, quando o pós-estruturalismo substituiu o estruturalismo, muitos teóricos da educação ampliaram sua perspectiva, baseada na classe social dos alunos, para novas questões: o gênero, a etnicidade e a orientação sexual. Para os pós-estruturalistas, a realidade não existe de maneira objetiva, e por isso não pode haver nenhuma verdade, e as escolas não deveriam ser lugares para a transmissão do conhecimento, mas para a livre exploração dos interesses dos alunos. Por isso, é lógico que os pós-estruturalistas se interessem pouco pelos currículos, pelas provas e pela avaliação. Para eles, os professores são *facilitadores* que ajudam os alunos com sugestões úteis, enquanto estes trabalham cada um com os projetos que escolheram de maneira individual. Dentro da corrente do pós-estruturalismo, os construtivistas sociais repetem que ninguém possui a verdade sobre um tema, que todos os pontos de vista sobre a realidade estão impregnados de subjetividade e que aquilo que as escolas ensinam como fatos não passa de opiniões. Esse repúdio à realidade e à verdade investia tanto contra a escola como contra os professores, e o resultado é a confusão. O que se deve ensinar, e por quê? Por que ensinar matemática se o que os estudantes querem são aulas para aprender a dirigir? Por que escolas? As escolas mudaram tanto que alguns críticos começaram a falar delas como de creches para crianças e adolescentes.

Pode ser que haja uma relação entre a ênfase atual na tecnologia e a tendência de exigir menos esforço dos alunos. A tecnologia, de certa maneira, busca que se façam as coisas com menos esforço e, para conseguir isso, utiliza a padronização, a segmentação e a simplificação. A tecnologia se apresenta como um instrumento para atingir uma meta, e geralmente não requer muita compreensão para ser usada. No contexto tecnológico, a língua se reduz e, em vez de ser um método de comunicação complexo, sutil e variado, torna-se uma coleção de frases meramente funcionais e operacionais. A razão de ser da tecnologia é o uso, e não é à toa que o pensamento utilitário tem, na visão de mundo atual, um lugar de maior destaque do que, por exemplo, as humanidades.

Uma pessoa escolhe o que vai fazer e como vai fazê-lo, e, nesse processo, revela quem é. Cada um de nós é único porque ninguém teria escolhido exatamente do mesmo modo. Quando decidimos o que pensar e o que fazer, criamos nossa personalidade, e definimos e criamos os valores morais que representamos. Tudo isso é conseqüência da liberdade de que desfrutamos como seres humanos. Por essa razão, podemos dizer que os seres humanos não são realmente comparáveis com os outros, e por isso se pode dizer que são insubstituíveis.

Um ser humano está presente para si mesmo como uma interioridade, uma identidade individual, e não somente como uma exterioridade, um corpo. A experiência que temos de nós mesmos é que somos sujeitos, e não objetos. Nossa autodeterminação nasce quando uma pessoa escolhe agir de certo modo, expressando assim seus valores, representando esses valores, encarnando-os, e tornando-se responsável pelo que escolheu. Por isso uma pessoa é uma finalidade em si mesma, e não um instrumento para os desejos de outras pessoas. Se entendemos isso, entendemos também que devemos tratar as outras pessoas como sujeitos, e não como objetos ou instrumentos para os desígnios de outros.

O conceito de *criatividade* é usado tanto na educação estruturalista como na pós-estruturalista como um substituto ou complemento do aprendizado escolar tradicional. Contudo, também poderia ser visto como algo característico de todo ser humano. Todos os seres humanos são criadores porque pensam e agem. Não se pode falar da pessoa sem uma referência à sua capacidade de pensar e, por conseguinte, de ser criativa. Criar não é apenas criar um objeto, mas também pensar, falar e agir. Tudo o que uma pessoa faz é novo porque ela escolheu fazer precisamente isto, e precisamente nesta nova situação. Quando existimos no mundo, necessariamente intervimos no mundo, e essa é a razão pela qual é impossível separar o homem interior do homem que age no mundo.

Aplicando esse pensamento ao campo da docência, os professores deveriam ser vistos como pessoas: seus esforços estão orientados para os alunos, e são caracterizados pela responsabilidade e pela boa-vontade. Aprender é mudar, mas para um garoto pode ser inquietante mudar caso não se sinta rodeado e apoiado por pessoas benevolentes. Aprender é um desafio contínuo, e é mais fácil alguém fazer um esforço e adaptar-se às novas exigências quando se sente protegido e "em boas mãos". É claro que os alunos sabem que os professores estão presentes para ensinar, mas será para eles uma grande ajuda se perceberem que os professores não apenas dizem o que têm a dizer, mas realmente transmitem algo importante para si mesmos ao mesmo tempo em que se preocupam genuinamente com o aprendizado dos alunos.

Voltemos os olhos para o passado, porque, para entender como se concebe a pessoa hoje, é necessário retroceder no tempo até Rousseau. De uma maneira simples, poderíamos dizer que a idéia tradicional era considerar as pessoas como capazes tanto de fazer o bem como o mal, e que por isso tinham de aprender o autocontrole. Por isso a educação não tratava apenas de ensinar fatos, mas também bons costumes. As normas e as regras tinham o mesmo propósito: permitir às pessoas viver em sociedade, mantendo a paz e controlando seus impulsos negativos.

Entretanto, o que Rousseau ensina é o contrário: que os seres humanos somos bons desde o nascimento, e que o mal aparece por influência da sociedade, de modo que a educação deve manter os jovens separados da sociedade, para que se mantenham inocentes o maior tempo possível. Os jovens não teriam de aprender a boa conduta porque já são bons, e basta serem naturais e espontâneos. Ser responsável era visto antes como uma boa ação, enquanto que a nova idéia afirmava que o bom consiste na empatia sentimental. Isso representa o desmoronamento da idéia tradicional da pessoa humana.

Curiosa e contraditoriamente, essa idéia costuma se combinar com outra, possivelmente também influenciada pelo Iluminismo e seu enfoque nas ciências naturais. Trata-se da idéia de ver a pessoa humana como uma ser mecânico, explicável "cientificamente". As duas tendências, o naturalismo rousseauniano e o Iluminismo cientificista, rechaçam a idéia da bondade como resultado de uma vontade de fazer o bem, e consideram a bondade, ao contrário, como algo natural ou como algo explicável cientificamente, não como virtude moral.

Ora, vemos a presença e a combinação dessas duas idéias na nova pedagogia, que, ao mesmo tempo, enfatiza a espontaneidade do aluno e o uso da tecnologia. Combina-se o sentimental com uma visão utilitária. Fala-se dos conhecimentos livremente escolhidos pelo aluno e da convivência na classe, mas não da aquisição do jovem de princípios éticos que pudessem lhe servir de guia na vida adulta. Não se fala da necessidade do jovem de uma visão moral, cultural e intelectual.

Nesse processo, os professores estão sendo utilizados para fins políticos e sociais, e percebem vagamente que estão sendo manipulados pelas autoridades políticas. Na educação tradicional eram vistos como profissionais com a clara missão de elevar o nível educacional de seus concidadãos. Eram modelos, respeitados pelos alunos e por seus pais, e freqüentemente consultados em questões locais. Os estruturalistas e os pós-estruturalistas vêem os professores como uma mera função. Poucas vezes se leva em conta sua opinião profissional sobre como se deveria organizar a educação, e são obrigados a obedecer às instruções dos políticos. Têm de dedicar muito tempo a alguns estudantes que lhes faltam com o respeito, às vezes em escolas onde não se leva a cabo nenhum tipo de educação, nem intelectual nem moral.

Uma prova do pouco apreço pelo conhecimento entre os políticos é a afirmação reiterada de que os melhores professores devem trabalhar com os alunos que tenham mais problemas. Essa atitude indica que a meta principal da educação não é preservar e aumentar o conhecimento ou dar uma boa base aos alunos interessados no estudo, mas a meta política é que o sistema educativo produza a menor diferença possível entre os alunos. Quando essa meta se combina com um clima escolar permissivo, é óbvio que se crê ser possível dar educação a um aluno apesar de ele não estudar realmente. O fundamento dessa visão predominante continua sendo que os alunos não são responsáveis por seus resultados, mas sim que os resultados dependeriam de sua bagagem socioeconômica. Os defensores da idéia falam hoje mais de eqüidade do que de igualitarismo.

O enfoque político nos resultados do PISA nos dá outra pista sobre o mal-estar atual dos professores e dos alunos. A comparação internacional PISA é elaborada pela OCDE, que é uma organização de cooperação econômica, e a OCDE se interessa pela futura mão-de-obra de um país. Esta é uma razão para incluir nas comparações precisamente a matemática, as ciências naturais e a compreensão da leitura. O PISA vê a educação como instrumento, e os pesquisadores do PISA inventaram seu próprio termo para expressar o que deve ser a meta da educação: as *competências*. Mas só se pode falar de competências em relação a uma tarefa, de modo que a educação inteira é vista mais ou menos como formação profissional.

Os pesquisadores do PISA são estruturalistas mais que pós-estruturalistas. Estão convencidos de que os alunos são o que são por fatores socioeconômicos. Para sustentar essa convicção, os pesquisadores recolhem um número imenso de dados econômicos e sociais. Contudo, os dados deporem contra a visão estruturalista parece não influir na convicção dos pesquisadores. No PISA 2009, China-Shangai foi o campeão, e os pesquisadores comentaram, de passagem, que os alunos não vinham de famílias de alto nível econômico e social, mas não disseram nada a respeito do fato de os alunos terem se esforçado enormemente e de os professores terem feito um bom trabalho. Os políticos e os pesquisadores do PISA se interessam pelo coletivo, mas não pelo fato de que o aprendizado é realizado no cérebro individual de cada aluno.

Os países que agora estão no topo do PISA não aplicam a visão estruturalista ou pós-estruturalista, mas mantêm seu foco de atenção no aprendizado através do esforço por parte do aluno e, da parte do professor, no conhecimento e na capacidade de ensinar. Com essa ênfase, os países em questão conseguem excelentes resultados educacionais e, ironicamente, também mais igualdade social que os países que se centram em conseguir a igualdade.

O famoso informe McKinsey de 2007,[2] baseado nos resultados do PISA, concluiu que a qualidade dos professores constitui o principal fator para o sucesso educativo. Se um país não pode recrutar bons professores e retê-los no sistema educacional, é improvável que consiga ou que mantenha uma boa qualidade em seu sistema educacional. Os pesquisadores do PISA não confirmaram o recebimento desse resultado. Por exemplo, num informe da OCDE sobre a liderança escolar, os exitosos professores finlandeses falam da qualidade intelectual e dos métodos tradicionais, mas os autores do informe não demostram nenhum interesse por essa linha de pensamento. Poder-se-ia dizer que nos informes da OCDE os professores são um instrumento para atingir uma meta: formar uma mão-de-obra educada para o seu país.

---

2   A McKinsey & Company é uma empresa de consultoria empresarial; em 2007, publicou o resultado de uma pesquisa cujo objetivo era compreender o motivo da eficácia dos sistemas educativos com maiores níveis de desempenho no mundo. Além dos dados do PISA, a empresa serviu-se de entrevistas com professores e políticos e de observações feitas em escolas de vários países — NT.

Os informes do PISA recebem tanta atenção na imprensa e na vida política que os professores e os alunos são tratados como se fossem obrigados a entregar bons resultados para assegurar a boa fama internacional de seu país. Tornaram-se participantes involuntários de uma competição que não escolheram. Alguns políticos querem introduzir novos programas educacionais para melhorar os resultados exatamente das matérias nas quais se baseiam os informes do PISA. Em outras palavras, seu interesse não provém de um apreço e de um amor pelos conhecimentos, mas da vontade de aumentar o prestígio internacional do país.

A enorme importância atribuída à tecnologia na educação é outra pista que explica o atual mal-estar docente. Os pedagogos universitários e os políticos — e os vendedores de computadores — repetem a mensagem de que a aprendizagem pode ser levada a cabo sem professores se os alunos utilizarem um apoio informático. Os argumentos mesclam idéias de diferentes campos. Por um lado, baseiam-se na visão romântica do aluno como alguém que aprende de maneira espontânea e individual, e, por outro, nota-se uma visão econômica que concebe o aprendizado como algo útil para a vida do trabalho. Aprender mediante o uso de computadores e outras tecnologias chega a ser visto como um método que atinge ao mesmo tempo os dois objetivos citados: as competências e a eqüidade.

Tudo isso é problemático. Tem-se a sensação de que os partidários dessas reformas educacionais vêem os alunos como instrumentos para suas próprias metas políticas e sociais, mas não se percebe nenhum respeito pelos conhecimentos, pela integridade ou pela autonomia do professor. Dá a impressão de que tanto os professores como os alunos são tratados como instrumentos de um projeto de engenharia social.

A educação na era do vazio

Para entender o contexto cultural de fundo sobre o qual a educação dos jovens deve se desenvolver hoje, tomarei como referência por um lado as reflexões de um dos sociólogos atuais mais citados, o francês Gilles Lipovetsky, e por outro a investigação empreendida pela corrente da psicologia humanista e suas conseqüências educativas.

Lipovetsky define nossa época como a época do vazio e do efêmero. Ora, a educação que quer sempre agradar não protege o indivíduo das decepções, mas sim gera jovens vulneráveis e facilmente frustráveis. São tão livres que já se chegou a afirmar que estão "sem obrigação nem sanção" ou "sem fé nem lei". A grande libertação da sociedade tradicional parece não ter trazido consigo a felicidade, mas a ansiedade e a frivolidade.

A moral é vista como algo que "a sociedade" deve ter, mas não necessariamente os cidadãos. O importante para estes é que tenham direitos. Ouvem a palavra *moral* e pensam em direitos. O sociólogo francês utiliza a expressão "desresponsabilizar o cidadão", porque o único que supostamente tem responsabilidades é o Estado. Os direitos se absolutizam, e pode-se falar de um minimalismo ético, porque o Estado só se atreve a proibir o que viola os direitos do outro. As democracias modernas foram chamadas de pós-moralistas porque não exigem nada de seus cidadãos.

Para Lipovetsky, nem a educação familiar nem a escolar dão hoje normas suficientemente claras para dar segurança ao indivíduo, e este, como já não pode se apoiar na tradição, sente-se ansioso e cansado. Tem de tomar muitas decisões e se sente indeciso. Também o culto atual das celebridades nos meios de comunicação pode gerar ansiedade, segundo crê o sociólogo, já que o indivíduo normalmente se sente descontente consigo mesmo por não ser célebre, belo, forte e divertido.

Outra tendência muito evidente do nosso momento cultural é uma ênfase exagerada na comunicação, exagerada porque trata-se de uma comunicação sem conteúdo. No âmbito escolar, os alunos muitas vezes pensam ter o direito de não se interessar pela escola, brincando com seus celulares, trocando mensagens em vez de dirigir sua atenção para o conteúdo da aula. Trata-se quase sempre de mensagens que expressam um simples contato, sem conteúdo real, um passatempo. Esse tipo de comunicação é o melhor exemplo da era do vazio. Mas ao mesmo tempo muitos alunos exigem uma relação ultrapessoal com o professor, baseada na proximidade e na intimidade, talvez para preencherem o vazio pessoal de suas vidas.

Lipovetsky assinala o consumo como a principal idéia de nossa época, incluindo neste conceito tanto as mercadorias como as experiências, as distrações e as emoções. Tudo é caracterizado por não exigir esforço algum, nem qualquer responsabilidade. Ao mesmo tempo, a tendência para a inovação permanente toma a forma de mudanças incessantes e desnecessárias.

O CONTEXTO ATUAL DA EDUCAÇÃO

Em suma, este sociólogo aponta o lado problemático da enorme liberdade atual para o indivíduo e para a sociedade, porque esse individualismo apresenta várias caras e, junto de um individualismo forte e criativo, há outro ansioso e instável. Acrescenta que, entre os jovens que se sentem perdedores, há os que acreditam poder fazer o que lhes der na telha, porque pensam não ter nada a perder nem a ganhar. Mas essa posição leva muitas vezes a outra modalidade de individualismo, que poderíamos qualificar como selvagem, transgressor e criminoso, que só tem o propósito de destruir.

Vejamos o que nos oferece a chamada "psicologia humanista" para abordar a tarefa educativa nesse contexto de cultura do vazio e individualismo sem referências. A psicologia humanista diz, antes de mais nada, que podemos entender o mundo, e que, de fato, sempre tentamos entender o que se passa ao nosso redor. Dirigir o olhar para a realidade nos ajuda não somente a entender, mas também a gozar da beleza daquilo que nos rodeia. Os defensores mais famosos da psicologia humanista, como Abraham Maslow, Erich Fromm, Viktor Frankl e Mihaly Cszikszentmihalyi escreveram suas obras há meio século, eram estadunidenses de origem européia e repetiam que a meta da vida é realizar sua potencialidade humana, e que a educação deve ajudar o jovem a se desenvolver tanto quanto possível e a se tornar uma boa pessoa. Muitos teóricos da educação centraram sua reflexão nos jovens com problemas, mas os psicólogos humanistas se fixaram nas pessoas equilibradas, perguntando-se como se educa um jovem para que seja capaz de escolher bem em sua vida.

Descreveram as necessidades básicas do ser humano: como sentir-se fisicamente seguro e protegido, pertencer a um grupo, ser respeitado e querido, sentir-se à vontade com sua identidade e poder agir segundo seu próprio critério. Pois bem, a educação constitui o pré-requisito para que o aluno possa atingir essas metas. Os psicólogos insistiram que a beleza, a verdade e a justiça são necessidades para o ser humano. Os ambientes não caracterizados por esses valores nos enchem de estresse e nos dão a impressão de viver uma vida degradada. Quando a escola oferece um ambiente negativo, vê-se um mal-estar entre os jovens — também entre os jovens de famílias que funcionam bem. Vêem que a sociedade não os protege, e que não recompensa as boas condutas. Poder-se-ia falar de uma confusão e de um idealismo frustrado. Em vez de recompensar a virtude, a escola e a sociedade às vezes ensinam os alunos a tolerar os colegas que infringem as regras.

Para esses psicólogos, a razão de ser da escola é ensinar a herança de três mil anos de esforços intelectuais e artísticos. Para entender essa herança, temos de desenvolver nosso entendimento das diferentes matérias. Mostrar respeito pelo jovem consiste em explicar a ele matérias e conhecimentos que servem para entender o mundo, antes de ter a preocupação de que sirvam diretamente para ganhar a vida, e, de maneira especial, a história em todas as suas formas, incluindo a história da arte, da religião, da filosofia e da literatura. A vida intelectual é uma aventura. Alguns diriam que se trata de um jogo, mas é um jogo que nos permite entender a nós mesmos e aos outros, e esta é a maior aventura que pode haver. Pode-se compará-la com a compra de um quadro: com dinheiro, pode-se adquirir um quadro, mas só a educação artística permite entender seu significado, que é o que permite apreciá-lo e valorizá-lo.

Educar-se significa aprender sobre diferentes situações de tal maneira que, quando alguém se encontrar numa nova situação, disponha de uma preparação que lhe capacite para tomar boas decisões. Educar-se é acostumar-se a olhar, a escutar e a refletir. Trata-se de uma mescla de conhecimentos, por exemplo, históricos, e de uma preparação que se poderia chamar de moral. Fala-se hoje de *literacy*, isto é, familiaridade com o mundo da leitura, mas o conceito se estendeu para outros campos como os números, os computadores e o tráfego. Uma educação humanista é também um tipo de *literacy*, uma preparação ética para entender novas situações e poder atuar nelas.

Um professor é, ou deveria ser, um representante da civilização, alguém que tem uma vida intelectual e para quem importam as virtudes intelectuais. O professor põe o aluno em contato com novos temas, exigindo concentração e paciência. O segredo do bom ensino é estar conectado com a honestidade e o valor, incluir no ensino a beleza do mundo e não dessacralizar, mas ressacralizar. Os professores devem ser positivos, criativos, fortes, alegres, independentes, valentes, além de cultos. A escola deve ajudar os alunos a se tornarem pessoas que saibam conduzir bem sua própria vida, e também futuros líderes morais. Para conseguir isso, os jovens necessitam de conhecimentos ordenados, metas claras e retroalimentação. Para dominar habilidades complicadas, precisam desenvolver sua paciência, disciplina, valor e racionalidade, e também sua capacidade para a inovação. Mas, ao contrário, o que os psicólogos humanistas viram na sociedade de meio século atrás foi inércia e confusão. Na sociedade e na educação atual aumentou a confusão de valores e o ressentimento para com o bom e o superior. Além disso percebe-se um desejo de ocultar as diferenças entre o bom e o menos bom. Essa confusão se vê também em grande parte da crítica de música, pintura e literatura que se produz atualmente.

Estudando pessoas extraordinárias, aqueles psicólogos observaram que as pessoas psicologicamente sãs acabam tendo também um alto nível em suas funções cognitivas e de percepção, assim como um forte senso do bem e do mal. A conexão entre esses fatores é que, uma vez comprovada a verdade de um dado, a pessoa pode basear sua ação no que sabe ser verdadeiro. A idéia de criatividade que esses psicólogos tinham era bem distante da negação do estudo e do esforço concentrado. Na verdade, defendiam que a criatividade se baseia em períodos longos de trabalho duro sobre os conhecimentos e as experiências, que depois permitiam às pessoas mais criativas fazer um trabalho de alto nível. A disciplina de trabalho levava a pessoa criativa às suas *peak experiences* e à exaltação do *flow* das idéias. Ressaltavam que não agrada às pessoas psicologicamente fortes e criativas serem controladas, mas que nem por isso se negam ao trabalho disciplinado.

A teoria pedagógica quase não avançou durante o último meio século, apesar de tanta pesquisa. Os pesquisadores de pedagogia costumam ter um interesse mais social do que educativo. Assim, em muitas ocasiões, sua pesquisa se torna irrelevante para quem quer melhorar a qualidade da educação. Outros que escrevem muito sobre a educação hoje em dia são os economistas, mas raramente lhes interessa a herança intelectual de nossa civilização. Também os políticos falam muito de educação: falam sobretudo de igualdade, do PISA e da escola como preparação para vencer na vida. Quase nunca falam do aluno como pessoa, nem mesmo dos ideais da educação, pois, para eles, os alunos são estatística.

2 | A educação como política do Estado

Depois de abordar a questão de se existem a realidade e a verdade, se a educação deve ser pessoal ou coletiva, e tendo tomado como pano de fundo algumas tendências psicossociais atuais e a psicologia humanística, vamos ver qual foi a resposta dos pedagogos e dos políticos a esses desafios.

A nova pedagogia

A partir da Segunda Guerra Mundial, mas sobretudo a partir dos anos 60, os países ocidentais se encontravam diante de duas possibilidades para democratizar o ensino. A primeira era aumentar as vagas no sistema educacional existente e diversificar ainda mais a oferta educacional para os jovens de perfis diferentes. A outra solução era oferecer um único programa para todos os alunos, uma solução chamada "escola *compreensiva*", da palavra inglesa *comprehensive*, que significa "único" ou "global". Esta última foi a linha escolhida pela maioria dos países. Ao mesmo tempo em que se estabelecia uma organização do sistema educacional segundo os princípios da escola compreensiva, introduziram-se novos métodos de trabalho, para permitir o funcionamento do sistema. Alguns desses aspectos metodológicos foram: a ênfase na *autonomia* do aluno, que permitiria superar as diferenças entre os indivíduos e ao mesmo tempo manter a uniformização exterior da oferta escolar. Mais tarde, combinou-se essa autonomia com a introdução da *tecnologia*. Finalmente, acrescentou-se a este coquetel uma ênfase no lúdico, no fácil, no prazeroso e hedonista, afirmando que aprender deveria ser divertido, algo bastante concorde com as tendências pós-modernas dominantes. Fica patente a qualquer um que, quando o ideal da diversão se combina com a autonomia do aluno, o resultado é que o próprio aluno deve poder escolher se quer ou não realizar certa tarefa escolar.

Desde os anos 60, percebe-se uma forte corrente antiautoritária tanto no âmbito da educação familiar como na escolar. Chega-se a afirmar que os pais estariam exercendo uma autoridade ilegítima ao tomar decisões sobre seus filhos, bem como os professores ao dirigirem o trabalho de seus alunos. Conseqüentemente, pede-se que os pais se comportem como amigos de seus filhos e que os professores já não ensinem, mas sim convertam-se em *facilitadores*. Essa corrente pretende *colocar o aluno no centro do processo educativo*. Pois bem, as mudanças produzidas pela aceitação dessas fórmulas são tantas que podemos falar de uma *nova pedagogia*. Se antes a ênfase era colocada no que o aluno deveria aprender para se tornar um adulto culto e responsável, agora a argumentação é muito diferente. Agora parte-se do pressuposto de que ninguém pode aprender se não quiser, e, por isso, é preciso apresentar o material de maneira atrativa, para motivar o aluno. Afirma-se que o professor não precisa saber tanto da matéria em si como das diferentes maneiras lúdicas de apresentar as tarefas. Em outras palavras, o futuro professor deve estudar mais pedagogia e menos as disciplinas científicas. Ademais, quem sabe melhor que o próprio aluno aquilo que mais lhe agrada? Por isso, os professores devem preparar a matéria em forma de projetos, dentre os quais o aluno escolherá o que mais lhe agrada. Já que o aprendizado é visto como estando ligado aos interesses do próprio aluno, este também se converte no agente adequado para avaliar a experiência.

A corrente filosófica que está por trás dessa nova pedagogia é o *construtivismo*, que se baseia na observação correta de que todo aprendizado se dá necessariamente no cérebro do aluno, e que, neste sentido, o aprendizado é individual. Ninguém nega isso. Contudo, o construtivismo toma essa observação como ponto de partida para supor que o aluno não pode aprender a partir do que outra pessoa lhe explica, mas tem ele mesmo de buscar sua informação para convertê-la depois em conhecimento. Considera-se essa busca como parte substancial do processo de incorporação de novos dados pelo aluno, e como a primeira fase da elaboração que converterá novos dados em conhecimentos. Nesta idéia baseiam-se as técnicas pedagógicas do lúdico, dos projetos individuais e do uso da tecnologia. Aqui surge uma contradição, porque o material que o aluno pode encontrar também foi elaborado por alguém e, portanto, não seria menos *autoritário* que a explicação do professor.

Depois de muitos anos de domínio da nova pedagogia na escola, apareceu um novo infantilismo na educação. Em vez de preparar a criança e o jovem para as exigências da vida adulta, se os convida a estar sempre brincando, satisfeitos consigo mesmos e cada vez menos capazes de suportar uma possível observação crítica sobre seu trabalho. A aceitação da fragmentação e do fortuito no processo de aprendizagem é outra tendência pós-moderna, que está ligada à exaltação da autonomia do aluno e ao uso permanente da tecnologia. Entretanto, se não se estuda de maneira sistemática e se não se revisa e memoriza, tudo se resume a atividades talvez prazerosas, mas rapidamente esquecidas.

O que vemos como conseqüência dessas tendências é que os países ocidentais investem mais na educação do que antes, mas não melhoram os resultados. Ao contrário, em muitos países aumenta o número de alunos problemáticos. Mesmo assim, diante dessa situação, a pedagogia enquanto disciplina universitária não costuma dar outra resposta senão pôr a culpa na sociedade. Em vez de falar sobre exigir mais esforços da parte do aluno ou de melhorar os programas, fala-se da auto--estima dos alunos, como se a auto-estima não fosse uma conseqüência de ele ter se esforçado e de ter conseguido um bom resultado.

A nova pedagogia pressupõe que a criança tenha uma sede de conhecimentos que a mova a buscá-los, e portanto que o ensino deve se basear nas perguntas dos alunos. Essa idéia poderia funcionar em alguns casos, mas não seriam muitos. Ao contrário, o professor é quem põe em marcha o aprendizado, com um programa adequado à idade e aos conhecimentos prévios dos alunos. Como aprender pressupõe concentração e esforço, é pouco provável que as crianças enquanto grupo demonstrem um entusiasmo muito grande. Ademais, as crianças ainda não sabem o que podem aprender, de modo que é quase impossível formularem perguntas e metas. É mais provável que aproveitem um programa estruturado, elaborado por um professor. Obrigados a aprender conforme a proposta da escola, vão se conhecendo a si mesmos como aprendizes e formando-se como pessoas com uma identidade intelectual e moral.

Digam os construtivistas o que quiserem, a maioria dos adultos sabemos que é possível aprender a partir daquilo que um professor expõe, e, em geral, é muito mais rápido e fácil aprender com um professor do que trabalhando sozinho. Podemos comparar essa situação à que viveram os alunos que tinham de estudar à distância porque residiam longe dos centros urbanos. Alguns chegavam a adquirir excelentes conhecimentos, muito sólidos, mas a maioria deixava os estudos sem terminá-los. Estudando com um professor, o aluno foca o mais importante sem perder tempo e, se toma um caminho equivocado, o professor o corrige e lhe indica o caminho para chegar à meta. Além disso, o professor e a turma lhe dão energia e força para perseverar. Mesmo quase qualquer professor podendo dar fé dessa observação, os representantes da nova pedagogia souberam impor o construtivismo aos professores. Atualmente há pedagogos que preferem ver a escola como um *lugar de vida*, em vez de um lugar para a educação, e, portanto, consideram ser uma meta em si mesma o fato de as crianças e os jovens estarem numa mesma sala fazendo a mesma coisa.

O *slogan* do *aluno como centro do processo educativo* nunca foi completamente realizado, porque uma educação realmente individualizada seria enormemente cara e, ademais, quase impossível de organizar dentro da escola. Essa pedagogia centrada no aluno se converte, na verdade, numa pedagogia que se apóia nos demais alunos, e não na matéria nem no professor. Os verdadeiros agentes socializadores dos jovens passam a ser os outros alunos de sua mesma idade, e não família nem os professores, nem outros adultos representantes da vida do trabalho. Confia-se que vai haver algum aluno que consiga resolver o problema e que ajude os outros. Assim, no caso ideal, todos aprenderão e ninguém ficará para trás, o aprendizado será mais livre e haverá maior colaboração entre os alunos e, finalmente, a educação se converterá em auto-educação e em convivência. Muitos países introduziram essa pedagogia no fim dos anos 60, mas é evidente que o modelo não é bem-sucedido. Quando se diz que os jovens são capazes de desenvolver um conhecimento sem o professor, o que se está fazendo, em realidade, é deixá-los sozinhos com seus colegas. Muitos países investiram somas consideráveis para que o modelo funcionasse, e mesmo assim isso não ocorre. Pelo contrário, a cada ano os resultados caem mais, além de terem aparecido nos colégios novos fenômenos de vandalismo e de violência que não se viam antes.

A violência não deveria nos surpreender. Nos modelos tradicionais de educação, baseados na família, no colégio ou na vida do trabalho, as atividades e as regras de comportamento ficavam nas mãos dos adultos. A nova pedagogia implica uma retirada do professor, confiante de que os jovens são capazes de regular seu comportamento tomando decisões grupais. Supostamente, a turma pode se juntar para decidir que regras seguir e, por ser uma decisão emanada dos próprios jovens, crê-se que todos acatarão as regras. Entretanto, agora existem colégios sem regramento oficial, porque os alunos de onze ou doze anos não tiveram interesse em se reunir para tomar uma decisão sobre as regras a serem seguidas. Ademais, o modelo conta com os professores, porque supõe-se que estes irão acatar as decisões tomadas pelos alunos.

O desejo imitativo natural, próprio da adolescência e da pré-adolescência, aumenta a influência dos colegas. Imitam os outros porque não querem ser diferentes. O grupo impõe certa roupa de marca, aconselha fortemente a ver tais programas de TV e a jogar certos jogos eletrônicos. Infelizmente, não costumam ser os alunos mais razoáveis ou mais interessados nos estudos que exercem a liderança. Em muitos colégios, alguns poucos jovens podem tornar o estudo impossível. O que se constatou em algumas zonas é que, quando os adultos deixam de guiar os grupos de alunos, começa a prevalecer a lei do mais forte. Cresceu o *assédio escolar*, também chamado de *coação* ou *bullying*, e surgiram bandos dentro das escolas que intimidam e roubam os outros alunos, e que cometem atos de vandalismo. Os adultos nem sequer podem proteger eficazmente um aluno que denuncie seu agressor.

Custou muito aos partidários da nova pedagogia admitir a existência dessa violência justamente porque ela questiona seus pressupostos básicos. Na escola lúdica e divertida não deveria haver violência. Por serem mais livres, os alunos deveriam ser felizes e gratos, trabalhando no seu ritmo. Os pedagogos já não podem negar a violência, mas tentam negar que ela tenha relação com a maneira de organizar o trabalho e com o fracasso escolar, mas não resta dúvida de que, entre os violentos, a maior parte são alunos que fracassaram na escola. Esses pedagogos põem a culpa nas muitas mudanças ocorridas na sociedade, e é verdade que a sociedade mudou, mas, então, não se deveria ter adaptado a escola a essas mudanças para proteger melhor a educação dos alunos? É preciso rever essa educação através dos colegas, já que esta pode ser uma das causas dos problemas atuais da educação.

Na nova pedagogia, o professor se transforma num facilitador e num administrador, uma vez que, como foi dito, o ideal é a *autonomia do aluno*, um ideal que entrega ao próprio aluno o desenvolvimento do pensamento e a aquisição dos conhecimentos. A insistência na autonomia do aluno expressa a vontade de diminuir a importância da relação entre o aluno e o professor. Supõe-se que o aluno poderá encontrar um material interessante sobre algo que ainda não conhece e integrar os dados encontrados por ele mesmo aos conhecimentos anteriores, ou seja, que qualquer aluno, sem preparação especial, pode fazer o trabalho de um autor de apostila. Em realidade, o que sucede é que o aluno quase sempre escolhe tarefas bastante mecânicas, porque são as únicas que pode realizar sem a ajuda do professor, e tudo isso em detrimento do desenvolvimento de seus conhecimentos e de seu pensamento. Como mencionamos, a idéia de autonomia surgiu em conexão com uma idéia romântica do ser humano, tomada de Rousseau, e que afirma que as pessoas são boas em si mesmas, mas se estragam no contato com a sociedade. Pensa-se que, se se deixar a criança ou o jovem em paz, este poderá desenvolver-se por si mesmo e chegar a ser uma pessoa mais livre e mais criativa do que se estivesse sujeito a uma formação.

Outra idéia que coincide no tempo com a moda da autonomia do aluno é a insistência na educação em tecnologia. A tecnologia foi apresentada pelos políticos como uma modernização, como uma maneira de preparar o aluno para o mercado de trabalho e de ganhar vantagem para o país na competição com os outros. Porém, quando se junta a nova tecnologia com a idéia da autonomia do aluno, o resultado é deixar que o aluno busque materiais na *internet* por si mesmo em vez de lhe proporcionar um manual escrito por um especialista na matéria. Dessa maneira, diminui o tempo para trabalhar o pensamento em sala de aula e discutir em grupo, posto que cada aluno trabalha com seu próprio projeto em seu próprio monitor.

Para retomar as rédeas da educação, a sociedade deve oferecer aos jovens programas de estudo exigentes, para que o aluno volte a sentir os estudos como um desafio. É preciso também definir requisitos para ter acesso aos diferentes cursos. Antes de ingressar num nível superior, o aluno deve ter adquirido certos conhecimentos. Não se trata de castigar o aluno, mas de estimulá-lo. Os requisitos que existiam foram suprimidos por não serem considerados democráticos, o que veio a significar que o aluno pode chegar a níveis nos quais não tem a possibilidade de realizar as tarefas, porque não tem os conhecimentos prévios indispensáveis. Ao se encontrar numa situação impossível, o aluno tende a abandonar os estudos, com o risco de que esse fracasso escolar o leve a um fracasso vital mais amplo. O sistema está condenando ao fracasso muitos jovens que não contam com um apoio familiar adequado, paradoxalmente em nome da democracia.

Os valores da nova pedagogia não estão ancorados em observações sobre o que favorece o aprendizado, mas em alguns pressupostos ideológicos. Nos trabalhos universitários de pedagogia, já não se fala de esforço, e percebe-se um desinteresse pelo aluno que estuda e que progride. O próprio conceito de aluno médio ou "normal" é questionado, porque se considera uma hierarquização inadmissível dizer que alguns alunos se comportam de maneira normal. Além disso, parece que a idéia de esforço deva ser aplicada, na verdade, ao professor, que deve sempre encontrar novas maneiras de ensinar. Mas o valor do estudo sempre foi transmitido dando-se relevância aos conteúdos, à aventura do conhecimento, e a partir disso gerando um estímulo e uma exigência no aluno. Ademais, a boa conduta era aprendida ao mesmo tempo que os conteúdos. E neste processo o professor era indispensável, já que os conhecimentos eram apresentados de maneira organizada, como saberes comprovados e entregues de maneira objetiva pelo professor.

É difícil de entender que haja pessoas dedicadas ao ensino mas que não se interessam pelos conhecimentos. Entretanto não é raro encontrar, nos livros sobre educação, afirmações a favor do irracional e de uma espécie de niilismo cultural. De certo modo, essa atitude é lógica nas pessoas que não crêem que a realidade exista. Se se crê que a realidade não existe, por que defender algo que não existe? É lógico também não existir um sentimento de culpabilidade por não cuidar ou melhorar a herança cultural. Que diferença faz não transmitir algo que, de qualquer modo, não tem realmente uma existência objetiva? Platão dizia que os sofistas não buscavam a verdade, mas seu próprio proveito através de seu excelente manejo das palavras. Vendiam a palavra, encontrando argumentos favoráveis aos seus clientes sem se preocuparem com a verdade daquilo que diziam. Talvez alguns novos pedagogos sejam os sofistas modernos.

Na educação atual, existe uma diferença fundamental entre os países que põem a ênfase na autonomia do aluno e os que a põem em seu aprendizado. Durante décadas, a vontade de democratizar a educação foi uma das idéias dominantes nos países ocidentais. O método escolhido pelos novos pedagogos foi pedir ao professor que se aproximasse do aluno. Fala-se de criar no aluno um interesse pelo aprendizado, mais que de exigir dele um esforço e, mesmo os conhecimentos tendo decaído, não se modificou esse pensamento. Qualquer um que se atreva a dizer que antes os resultados eram melhores se vê automaticamente qualificado como retrógrado, porque os novos pedagogos afirmam que a nova orientação é correta e que a culpa é das mudanças ocorridas na sociedade.

Uma maneira de avaliar a nova pedagogia é comparar dois países vizinhos não muito diferentes, dos quais um adotou a nova pedagogia e o outro não. Em 1970, antes do PISA, a Suécia se encontrava bastante acima da Finlândia em qualquer tipo de comparação educacional. Depois, a Suécia decidiu adotar a nova pedagogia e a Finlândia não. Os alunos suecos tinham cada vez mais direitos e menos obrigações. Havendo menos provas que antes, os alunos podiam se manter dentro do sistema escolar apesar de não se esforçarem por aprender. Poder-se-ia dizer que alguns alunos não eram estudantes, porque mal estudavam. Estavam matriculados, o que é outra coisa. Diversamente, a Finlândia em 2003 virou a grande notícia do mundo da educação porque, no informe PISA, saiu-se como a nação mais bem-sucedida, colocando-se no topo junto de países bem colocados em educação como Singapura, Coréia do Sul e Taiwan. No informe PISA seguinte, a Finlândia continuava sendo o número um, mas havia melhorado os resultados ainda mais. A Suécia se encontrava entre os números 15 e 17 do *ranking*, mas o importante a ressaltar é que a Suécia estava baixando lentamente e a Finlândia subindo. Os finlandeses atribuem seus bons resultados aos seguintes fatores: professores com boa preparação acadêmica em todos os níveis, mães com um alto nível de educação, famílias que apóiam os docentes, um sistema escolar com metas claras, um investimento estável do Estado na educação e turmas não muito numerosas. Pode-se acrescentar que a Finlândia não introduziu a nova pedagogia.

Enfim, na Suécia os cidadãos reagiram depois de quatro décadas com a nova pedagogia. As reformas educacionais ocupam um lugar destacado na agenda política, e em 2009 foram votadas várias leis de grande alcance para a educação. Introduziu-se uma reforma do ensino médio e da formação profissional, que aumenta as exigências para ingressar nos programas e para se formar. Uma reforma da formação docente incrementa as exigências nas matérias que o docente vai ensinar. O documento que o docente tem de conseguir certifica para que matérias e para que idades ele está preparado. A Suécia está retificando, pelo menos em parte, sua aposta na nova pedagogia, enquanto que a Finlândia está gozando de um enorme prestígio por não a ter introduzido.

Já faz muitos anos que os finlandeses estão convencidos de que o fator crucial na educação é o professor. Na Finlândia exigem-se qualificações muito altas dos futuros professores e se tenta fazer com que os melhores alunos do ensino médio se sintam atraídos pela docência. Ademais, considera-se que um professor deva ganhar o mesmo que outro universitário de alto nível. A confiança dos cidadãos nos professores permite que depois não seja necessário utilizar tanto controle sobre a educação. O exemplo finlandês pode servir de estímulo para outros países. A Finlândia era relativamente pobre no começo do século xx, esteve em guerra com a União Soviética durante a Segunda Guerra Mundial e passou por várias crises econômicas. As famílias têm bem claro que uma boa formação é a melhor forma de assegurar o futuro dos filhos num mundo em que tudo está sujeito a mudanças. Com sacrifícios, a Finlândia se transformou num país de bem-estar. Agora veremos se o país vai poder manter sua linha de exigência para com os alunos ou se vai sucumbir ao facilismo.

Os políticos ocidentais igualitaristas continuam impondo a nova pedagogia. Na França, decidiram há alguns anos que 85% dos jovens deveriam atingir o nível do ensino médio, mas sem permitir que se exigisse trabalho dos alunos. Não mencionaram em seus programas nem o esforço nem a necessidade de conhecimentos prévios; desconfiam da educação tradicional e crêem que é suficiente dar dinheiro para a compra de computadores. Para esses políticos, a educação representa uma habilidade prática, de utilidade econômica e social, e não um adestramento para que os jovens sejam capazes de pensar.

Na Grã-Bretanha realizou-se uma série de reformas educacionais durante mais de 25 anos e com governos de tendências diferentes — sob Thatcher, Blair e Cameron — centradas em conseguir elevar os resultados seguindo o modelo das "escolas bem-sucedidas", que foca em três elementos: os estudos sistemáticos, o esforço e a avaliação. É interessante observar quais foram os três coletivos que se opuseram às reformas: os pedagogos que introduziram a nova pedagogia; os funcionários do Ministério da Educação que prosperaram no contexto da nova pedagogia; e os sindicatos docentes, aliciados à nova pedagogia, que dizem que as reformas põem em dúvida a profissionalidade do professorado. É bom que o cidadão saiba que nem todos os que supostamente defendem a boa educação têm realmente essa prioridade.

Estamos diante de uma contradição quando a educação é entregue a pedagogos que se caracterizam por desconfiar dos demais adultos e dos conhecimentos elaborados pela sociedade durante muito tempo. De fato, pode ser que o ideal desses pedagogos esteja muito distante daquilo a que aspiram os pais. A nova situação não se caracteriza somente pela ambivalência perante os acontecimentos, mas diretamente pela contradição. Como educar os jovens sob a influência de pedagogos que não querem transmitir conhecimentos porque não lhes interessa?

A democracia e o igualitarismo

Na educação atual, chocam-se duas tendências sociais e culturais: de um lado, a que sublinha a necessidade de nossa sociedade ter uma população bem educada, que permita manter o nível econômico e de bem-estar que desfrutamos e, do outro, uma tendência notoriamente propensa ao facilismo, à não exigência em nenhum aspecto da vida, ao "vale-tudo". A escola exalta tanto os ânimos porque se encontra nesse ponto alto do debate cultural. Por outro lado, qualquer pessoa se sente capacitada para se pronunciar a respeito das questões educacionais mesmo carecendo de conhecimentos precisos e atualizados, pelo simples fato de ter sido aluno ou por ter filhos que estudam.

Socializar os jovens significa transmitir a eles as normas compartilhadas pelos adultos, de forma que recebam a mesma mensagem da parte de seus pais, de seus professores e do resto da sociedade. A engenharia social, ao contrário, quer transformar a sociedade ensinando aos jovens uma *nova* maneira de perceber a realidade e de se comportar. Além disso, aspira-se a que os alunos influenciem seus pais: uma socialização inversa. Usar assim os jovens é um traço que caracteriza os Estados totalitários, algo que deveria preocupar aqueles que defendem essa idéia. As pessoas alheias ao mundo da educação nem sempre se dão conta do que está acontecendo, porque a influência exercida é uma influência emocional, centrada em questões de estilo de vida e na ausência de conhecimentos precisos. Essa socialização inversa mina a autoridade não somente dos pais mas também dos professores e da escola enquanto tal.

Os sistemas educativos foram criados para dar à nova geração acesso aos conhecimentos elaborados e acumulados pela sociedade, mas estaremos diante de uma nova situação se, menosprezando a herança recebida das gerações anteriores, todo o interesse for posto no "novo". Se isso é ensinado no colégio, não surpreende que as experiências, as opiniões e as regras dos adultos careçam de importância para muitos jovens.

Essas mudanças vêm de uma visão instrumental da educação. Para começar, mudou a maneira de falar da educação. Já não se diz que os alunos devem *saber* algo, mas que devem *saber fazer* algo. O que se busca então não são os conhecimentos, mas as habilidades, chamadas agora de *competências*. A visão instrumental da educação, associada à utilidade econômica, aliou-se a uma corrente anti-intelectual que percebe os conhecimentos como elitistas, e que busca orientar a educação para um aumento da igualdade. Essas duas correntes de pensamento desconfiam dos conhecimentos das matérias e preferem ver a educação como um treinamento profissional e social. A educação já não consistiria em entender o passado e construir sobre ele, mas em encontrar o caminho mais rápido para o futuro. Todo este novo modelo tem a ver com um certo menosprezo do indivíduo como ser humano, como alguém com uma vida interior, o que explica por que a tarefa dos professores tornou-se quase impossível.

A educação pode ser vista como uma conversa entre gerações, uma conversa iniciada pelos adultos a respeito de experiências de outras épocas e de outros lugares. Se se quer que os jovens tenham a capacidade de perceber sua própria situação desde uma perspectiva histórica, geográfica e social, não se deve perguntar-lhes a cada minuto o que preferem fazer nem insistir permanentemente na possível utilidade profissional que um determinado aprendizado possa ter.

Quando os políticos de hoje falam do aprendizado, é notável seu entusiasmo pelo aprendizado auxiliado pelo computador. Em outras palavras, sua visão da aprendizagem tem algo em comum com a do condutismo, também chamado *behaviorismo*. Esta corrente crê que aprender é incorporar uma nova conduta através da repetição. Aprender seria algo mecânico. Bastantes políticos e economistas falam desse tipo de aprendizagem porque o que lhes interessa é um aprendizado rápido daquilo que é útil para o crescimento econômico, e não a educação como transmissão da herança de nossa civilização.

Hoje em dia, nos países do chamado *Estado do bem-estar*, vêem-se como a mesma coisa a democracia e o bem-estar. Não se fala do componente de responsabilidade que a democracia contém, e dessa forma se favorece a idéia de que a sociedade deve dar tudo aos cidadãos sem esforço algum de sua parte. Assim, pouco a pouco, vamos passando de cidadãos a receptores de benefícios. O governo exerce o poder de maneira legítima por ter sido eleito, mas o cidadão tende a se queixar das autoridades como consumidor em vez de reagir como um cidadão. Trata-se de uma espécie de populismo ou clientelismo, porque democracia não consiste apenas em realizar eleições, mas também no respeito à verdade.

Durante o Iluminismo ganhou muita força a idéia de promover a emancipação do povo da ignorância através da ciência e da educação. Hoje temos escolas para todos, mas curiosamente não exigimos que se estude, bem ao contrário do que pensavam os iluministas. Entendendo a democracia como igualitarismo, os ideólogos coletivistas, que são mais ideólogos do que amantes do conhecimento, preferem que ninguém aprenda para que não haja diferenças entre os alunos. Para compreender o que sucedeu, basta comprovar como diminuíram durante o século XX nos países ocidentais as exigências nos planos de estudo e, portanto, nos livros didáticos de primeiro e segundo grau.

Uma das contradições induzidas pela política é a transformação da idéia de que a educação serve para que o indivíduo possa melhorar sua condição através do esforço na idéia de que existe um direito a "receber" educação sem esforço, um direito que ademais se coloca como algo "coletivo". Isso é impossível: não se pode adquirir conhecimentos sem esforço e, dizendo o contrário, estamos nos comportando como herdeiros ingratos. Mais que isso, o que vamos entregar a nossos filhos depois de afirmar que a realidade não existe, como se faz hoje?

Esse igualitarismo é incompatível com o mérito, que é a base da sociedade democrática. O Iluminismo aboliu as vantagens de nascença dos nobres para dizer que só deveria contar o mérito do indivíduo. Agora foi-se mais longe. Em vez de criticar os privilégios da aristocracia, instalou-se um tabu que impede de criticar a ignorância dos ignorantes. Ser ignorante não deve constituir um obstáculo para obter vantagens ou influência, algo que se reflete na prática de incluir representantes dos grupos mais diversos nos diferentes conselhos administrativos. De certa maneira, essa atitude é lógica porque, se a verdade não existe, como afirmar que certa preparação ou certa experiência vale mais que a outra? Se a verdade não existe, a única coisa em que se pode basear a organização da sociedade é o poder.

Nova contradição: a ênfase em ensinar uma suposta atitude crítica. Não há nada de errado em saber criticar, mas, para poder criticar algo, primeiro é preciso conhecê-lo. Logicamente, se alguém está a favor da crítica deveria estar também a favor do aprendizado, mas isso é precisamente o que veremos.

Curiosamente, apesar desses ideais anti-iluministas, as novas correntes culturais tomaram dos iluministas o conceito de direitos humanos. Teríamos direitos, mas não obrigações. Isso é contraditório, pois como se pode assegurar esses direitos se os cidadãos não colaboram com a sociedade desenvolvendo um alto nível de conhecimentos, ajuntando recursos e respeitando as leis feitas para proteger os direitos? É infantil a atitude de querer receber sem aceitar uma responsabilidade. É como se os cidadãos fossem crianças esperando que seus papais, ou seja, o Estado, os protejam.

Pensava-se que a pedagogia centrada na autonomia e na igualdade daria como resultado uma personalidade antiautoritária, mas não é o que vemos. Sem conhecimentos, acostumados a viver em grupo, como os jovens vão elaborar uma visão de mundo realista e independente? Durante as revoltas de maio de 1968 difundiu-se o lema "melhor uma cabeça bem feita do que uma cabeça bem cheia", uma expressão enganosa, porque não se pode ter uma cabeça bem feita sem primeiro ter conhecimentos. Tal como aquele outro lema de 1968, segundo o qual era louvável ultrapassar os limites: isso pode ou não ser verdade, dependendo de que limites estivermos falando. Hoje em dia os políticos falam como se o novo fosse sempre melhor do que aquilo que é substituído. Como sabem disso? Não se pode dizer que seja sempre bom ultrapassar os limites, mas somente às vezes, e é preciso investigar cada caso separadamente.

A escola está atravessada por contradições em todos os sentidos. Se as escolas servem para potencializar a aprendizagem, logicamente, saber mais deveria ter mais mérito que saber menos. Contudo, no chamado *ensino de valores* a ênfase está em se dar bem com todos e em *tolerar* o que é *diferente*. A palavra-chave é *incluir*, no sentido de mesclar e não diferenciar. O atual uso da palavra *discriminação* está relacionado a uma visão da sociedade como uma estrutura formada por camadas opressoras e camadas oprimidas, onde, evidentemente, ignora-se a responsabilidade de cada um. Qualquer diferença é considerada uma conseqüência de estruturas sociais sempre injustas. Segundo essa teoria, não importa, na escola, se um aluno se esforçou, porque também a vontade e o esforço são considerados produtos da estrutura social. É muito significativo o que aconteceu à palavra *discriminação*, que se tornou negativa, como se toda discriminação fosse negativa. É interessante, porque todo aprendizado consiste em saber distinguir ou discriminar diferentes categorias. Como pode ser positiva a avaliação e negativa a discriminação se a avaliação consiste em discriminar entre o bom e o menos bom?

Não é apenas na escola que temos de aceitar as regras de nossa comunidade. Como adultos, temos de aceitar um sem-fim de regras de comportamento cidadão e profissional. Será mais difícil para o aluno que não aprender isso na escola adaptar-se às diferentes regras e leis da vida adulta, regras cuja finalidade é garantir a convivência e nos defender da violência dos demais. Por isso, temos de aprender a autodisciplina para o nosso próprio bem e para o bem dos outros. Aqui temos outra contradição: na educação atual, fala-se sem parar de convivência, mas não se exige que se obedeçam às regras de convivência. Também se deveria falar da responsabilidade da sociedade para com os alunos que acorrem à escola para aprender, e que perdem seu tempo por conta do desinteresse de outros alunos.

A nova pedagogia não sabe o que fazer com os *objetores escolares*, que rechaçam a idéia de aprender e de obedecer. Os objetores dizem que não gostam de estudar, de ficar em silêncio para escutar, nem de ler ou escrever. Crêem ter o direito de que seus gostos sejam respeitados. Entretanto, não há em sua visão de mundo uma obrigação sua de respeitar os gostos, as opiniões e as regras dos demais, e é impossível que funcione uma escola que aceite o direito de cada aluno de agir à sua maneira. Os objetores escolares costumam usar técnicas de dominação para ridicularizar ou insultar os professores e os outros alunos.

A escola pública funcionou relativamente bem nos países ocidentais enquanto o Estado garantiu nos colégios a ordem, a qualidade dos conteúdos e a qualidade dos docentes. Contudo, nos anos 60 e 70 do século passado foi sendo introduzida a nova pedagogia, com um fundamento mais social e político do que intelectual. Ao mesmo tempo, introduziu-se a idéia de que o aluno tinha o "direito" de estar num curso sem saber o que deveria ter aprendido nos níveis inferiores, e também o "direito" de se manter matriculado numa escola apesar de sua má conduta. A nova ordem rezava *colocar o aluno no centro do processo educativo* em vez de colocar, no centro, o aprendizado do aluno. Foi então que se começou a distinguir educação e ensino, de forma que pouco a pouco a idéia mesma de educação foi se desligando do ensino e do aprendizado. Nesse novo contexto, um aluno que não estudasse não deveria ser tido como preguiçoso, mas dever-se-ia pensar que as estruturas sociais não o estavam estimulando a estudar. Ele não tinha culpa, e o professor deveria compreendê-lo e recompensá-lo em vez de exigir algo dele.

Tudo isso revela uma situação confusa, que contém ao mesmo tempo elementos igualitários e individualistas. O que aconteceu na educação deve ser entendido em relação a uma nova concepção da relação entre o Estado e o indivíduo. O igualitarismo não admite que os alunos e suas famílias possam escolher um projeto e um programa educacional determinado, porque os políticos decidiram que, na escola obrigatória, o programa deve ser exatamente igual para todos. O aluno e sua família não podem escolher seus colegas, porque os políticos decidiram que é importante para a coesão social que gente muito diferente esteja junta. O aluno e sua família não podem escolher seu professor e muito menos o professor pode escolher sua turma, porque as autoridades decidiram que o acaso é mais justo.

Os docentes não protestaram contra essas novas diretrizes políticas e contra a intromissão de políticos, pedagogos e funcionários? Sim, protestaram, mas começou uma campanha contra eles, afirmando que eram burgueses privilegiados que, para se redimirem, deveriam concentrar seu esforço profissional nos alunos com mais problemas de aprendizagem. Instalou-se um tabu contra a mera menção da possibilidade de que os alunos com maior rendimento, por serem mais esforçados ou terem mais capacidade, pudessem ter necessidades educativas diferentes.

Quando se introduziu essa moda pedagógica já havia desaparecido a idéia de que a escola servia para que os jovens se emancipassem da ignorância. Ao contrário, criticava-se a escola porque os resultados dos alunos não eram suficientemente similares entre si. Havia se produzido uma deriva do igualitarismo entendido como o direito de todos à educação para o igualitarismo como exigência de que o resultado final dos alunos fosse o mesmo, quer se esforçassem quer não. Para aproximar-se dessa meta, diminuiu-se a importância das notas e introduziram-se matérias menos exigentes, afirmando sempre que os alunos aprendiam tanto quanto antes, mas que agora aprendiam *outras coisas*.

Como já foi dito, começou-se a falar da sociedade como uma estrutura que coloca alguns como vencedores e outros como perdedores e vítimas. Nessa perspectiva, os seres humanos não seríamos responsáveis por nossos atos, pois haveria estruturas que atuam através de nós sem que nos demos conta. Esta maneira de pensar nega a importância da vontade do esforço. Como se fôssemos fantoches, todos agiríamos como se estivéssemos programados, como se não pudéssemos distinguir entre o bem e mal. Uma idéia anti-humanista.

Esse ódio contra a vontade e a verdade se produz ao mesmo tempo que se percebe uma falta de amor pela democracia liberal, que é precisamente uma organização da vida social e política baseada na capacidade dos cidadãos de entender dos assuntos do Estado e de participar neles, escolhendo livremente entre diferentes opções.

Na nova pedagogia se repete sem trégua a palavra *valores*. Pois bem, para entender o que sucedeu na educação ocidental é preciso observar que se procedeu primeiro eliminando o valor do esforço e do conhecimento, para depois reintroduzir outro valor, diferente: o da *convivência*. Na prática prega-se a tolerância para com as condutas negativas, porque ninguém se atreve mais a criticar a conduta do outro. Se um aluno insulta um professor, em vez de simplesmente condenar esse ato, começa-se a buscar uma explicação. Assim, desculpa-se o agressivo, o ignorante e o preguiçoso, de modo que os perdedores são os que obedecem e querem aprender. Chega-se ao absurdo de não gostar que outros alunos tenham mais conhecimentos porque isso é visto como uma superioridade social inaceitável, o que revela ter-se instalado um anti-intelectualismo no seio da escola.

Quando a educação é concebida como um direito, aparece uma nova atitude em alguns alunos, um desafio que em inglês se resume num *teach me if you can*. Não se trata de um ódio aos professores, mas mais um desprezo condescendente. Fala-se de "objetores escolares" como se sua negação do esforço fosse uma escolha política consciente. Em realidade, esses alunos não estão no nível de conhecimentos que necessitam para entender as tarefas e, em vez de se porem a estudar, decidiram que a escola é uma obrigação injustificada que a sociedade lhes impõe. Seria um direito humano não se submeter ao suposto autoritarismo representado pela exigência de educar-se, o que é uma atitude anti-social.

É triste que os países ocidentais, que costumavam ser países cultos, tenham posto como um direito democrático manter-se matriculado num sistema escolar sem estudar, o que supõe uma desordem intelectual e uma trivialização do conhecimento. Agora não é incomum ver os alunos inteligentes e esforçados sendo vítimas dos que não estudam, o que nos recorda o magnífico título do romance *A conspiração dos burros*.[1] O que não se entende é que alguns dos que defendem a ignorância são pessoas que se supunha serem intelectuais no sentido de cabeças pensantes.

Deixar que os jovens percam seu tempo ao longo do primeiro grau, do segundo e do ensino médio é uma contradição quando, por outro lado, se está promovendo o conceito de *educação ao longo da vida*. Seria mais racional formar os jovens o melhor possível na idade escolar, que é quando não têm outras tarefas e quando é mais fácil aprender do que na idade adulta. Para tornar-se um funcionário flexível que quer continuar aprendendo, a melhor coisa é dispor de uma boa formação de base. Ademais, os que costumam buscar mais educação são os que já têm certo nível de formação. É curioso que entre os jovens deva primar o igualitarismo, enquanto que, entre os adultos, exija-se preparação profissional.

Para entender por que há tanta discussão sobre a educação é bom recordar que a educação é uma questão absolutamente crucial para as

---

[1] *A Confederacy of Dunces*, de John Kennedy Toole (1937–1969) — NT.

ideologias. Todos os que querem criar um *homem novo* tentam influir na educação, porque é muito difícil mudar um adulto. Chama a atenção o uso ambíguo da palavra *livre* em conexão com a educação. Alguns falam de uma educação livre quando uma instituição religiosa a organiza, ou seja, livre significa livre de influência estatal. Outros falam da educação estatal como livre no sentido de livre da influência da Igreja. Desde a metade do século xx a controvérsia educacional nos países democráticos gira em torno do direito do Estado de impor à população uma educação com um conteúdo ideológico. Trata-se de um assunto complexo, porque é preciso distinguir entre o que é oferecer a todos os jovens uma educação paga pelos contribuintes e a questão de se deve ser exatamente a mesma para todos, se devem ser permitidos itinerários diferenciados, e o que fazer com os alunos que não podem ser incorporados ao programa comum, o problema da *inclusão*.

A discussão que mais agita os ânimos atualmente é se se devem oferecer diferentes itinerários aos adolescentes dentro do quadro da educação secundária obrigatória. Os argumentos a favor de dar o mesmo a todos têm a ver com a coesão social. Os argumentos contra afirmam que, ao chegarem à adolescência, os alunos já são muito diferentes em seus gostos e capacidades e é quase impossível oferecer um programa adequado para todos. Os argumentos contra a escola compreensiva ou única até a idade dos dezesseis anos se resumem precisamente nisto: é artificial tratar como se fossem iguais em sua capacidade de aprendizagem jovens que não o são. O problema se complica com a nova pedagogia, que advoga que se deixe em liberdade o aluno para que escolha o que e como trabalhar, assim como a promoção automática do aluno, ainda que não tenha aprendido.

A tese principal do presente livro é que a escola *compreensiva*, combinada com a *nova pedagogia*, aumenta a desordem e faz cair a qualidade. Muitos países ocidentais conseguem apenas resultados medíocres e deixam descontentes tanto os alunos avançados como os menos capacitados. Ademais, no ensino secundário alguns alunos adolescentes são relativamente maduros e têm interesses adultos, enquanto que outros são crianças que continuam brincando. Corre-se o risco de que os mais avançados se adaptem a um clima de menos trabalho e exigência, ao passo que os alunos menos exigentes consigo mesmos possam pensar que o currículo é demasiado difícil para eles, e dessa maneira justificar que eles também não têm de trabalhar tanto. Para evitar esse efeito, os países asiáticos exercem uma pressão social que faz com que quase todos os alunos se esforcem muito. Uma país como a Finlândia desenvolveu uma combinação flexível de exigências e apoio.

Um argumento contra os itinerários no ensino secundário obrigatório é que os alunos dos programas mais práticos e menos teóricos poderiam se sentir menos valorizados. Outro argumento contra é que os alunos que estudam os programas teóricos teriam sido selecionados por alguém, e isso seria injusto. Um terceiro argumento é que os alunos seriam demasiado jovens para saber o que querem, e poderiam escolher algo que os prejudicasse no futuro. Pois bem, um primeiro contra-argumento é que, se não estudaram no primário, já escolheram: o ensino secundário ensina um programa que se baseia no primário e, se alguém quer propor uma segunda oportunidade aos alunos que tenham aproveitado mal o primário, seria mais adequado oferecer a eles um ano extra para recuperar o tempo perdido antes de entrarem no ensino secundário. Se não, como estamos vendo, o ensino secundário se converte numa prolongação do primário.

Em geral, os países que são a favor da escola compreensiva combinada com uma atitude permissiva são os países do bem-estar, que se crêem no direito de não exigir tanto de seus jovens. Querem oferecer aos jovens uma infância e juventude sem muita pressão nos estudos. Ao contrário, a Coréia do Sul, Singapura, Hong Kong e Taiwan organizam sua educação para conseguir resultados rápidos. Como o Japão, são países com uma superfície limitada e poucos recursos naturais, que só sobrevivem por conta do esforço e do engenho de seus habitantes. De nenhuma maneira se permitem brincar com o tempo de seus jovens e com o dinheiro investido pelo Estado na educação.

Não há razão lógica para combinar a escola compreensiva com a pedagogia *infantocêntrica*, mas, nos países ocidentais, esta é a realidade desde meio século. Os políticos que introduziram a escola compreensiva obviamente temiam que nem todos os alunos fossem capazes de seguir o currículo que antes só alguns alunos estudavam, e logo procederam de modo a atenuar os programas. Desapareceram quase imediatamente o latim e o grego, com o argumento de que eram inúteis. As aulas de literatura e de língua materna foram reunidas numa só matéria, e diminuiu-se o número de horas dessa nova matéria. Diminuiu-se também o número de línguas estrangeiras. Ao mesmo tempo, foram introduzidas mais matérias práticas. O propósito era conseguir uma formação mais variada para todos os jovens, oferecer a todos os alunos uma possibilidade de brilhar de alguma maneira e, ao mesmo tempo, preparar todos para um mercado de trabalho também "novo".

Os novos métodos de trabalho centrados no trabalho individual, no trabalho em grupo e no trabalho auxiliado pela tecnologia levaram os professores a substituir as provas pela entrega de tarefas escritas. Diziam que, quando os alunos tinham provas, só aprendiam para a prova, e agora iriam aprender para a vida. Também havia a possibilidade de que fossem aprovados mais alunos se a avaliação fosse contínua e incluísse a valorização da simples participação do aluno.

Essa nova pedagogia fez baixarem os resultados na Europa ocidental e na América do Norte, mas foi só com a aparição das comparações internacionais como o PISA que os resultados começaram a preocupar seriamente os governos. Tanto os políticos como os pedagogos ocidentais haviam negado as críticas, dizendo que eram exagero. Os países ricos se sentiam tranqüilos. Eram países desenvolvidos e democráticos. Entretanto, com a globalização, os políticos e os homens de negócios estão conscientes de que apareceu uma competição que antes não existia. Na China e na Índia produzem-se engenheiros a tal velocidade que os políticos ocidentais começaram a se assustar. Nessa nova situação, talvez não fosse uma idéia assim tão boa deixar que a finalidade principal da escola fosse a simples convivência social na classe.

Mas era difícil consertar. Durante décadas, foi ensinado aos futuros professores que é preciso ser *tolerante* e *aberto*, e que o professor é apenas um *facilitador*. O aluno trabalhará no seu próprio ritmo nas tarefas que lhe interessarem. Agora, em qualquer turma, há alunos de níveis muito diferentes, e como retomar as rédeas de uma turma que de turma tem muito pouco? Nessa situação, o que fazem os professores? Alguns não arredam o pé, mas outros abandonam a educação, deixando para trás buracos a serem preenchidos por pessoas menos preparadas. Para alguns professores o sonho acabou, e estes só se mantêm em seus postos porque, em sua situação particular, não vêem possibilidade de mudar de profissão.

Os governos fortemente comprometidos com a escola compreensiva tentam corrigir a situação pondo mais dinheiro nas zonas em que o escândalo é maior. Assim o fez por exemplo a França, mas com pouco êxito. Mesmo aumentando o orçamento geral e os salários dos professores, a situação continua lamentável em alguns bairros. Como os estudantes foram promovidos aos graus superiores sem terem aprendido, chega-se a algumas situações que não têm nada a ver com educação. Outra medida é pôr a esperança numa mudança da formação docente, com a idéia de que alguns professores de outro perfil poderão entender melhor os *novos alunos*. A nova missão do docente já não seria ensinar, mas educar o aluno de maneira geral, ensinando a ele a tolerância e a convivência. Contudo, não funcionou, porque esses *novos professores* têm ainda menos autoridade perante os alunos do que os professores tradicionais.

Depois de terem tentado esses caminhos, ao final os governos lançam mão do controle burocrático, introduzindo testes de língua e de matemática para estimular o trabalho tanto dos alunos como dos professores. É uma medida útil em muitos casos, mas que também foi criticada. Por exemplo, assinalou-se que existe o perigo de que algumas escolas dêem menos ênfase nas matérias que não caem nas provas, o que poderia resultar num currículo menos variado e completo. Por outro lado, custa dinheiro produzir os testes, distribuí-los e corrigi-los, e, depois, para elaborar as estatísticas com base nos resultados. Nesse sentido, as provas de avaliação talvez estejam desviando dinheiro e atenção do ensino diário e do aspecto fundamental, que é a relação entre professor e aluno. Alguns políticos também insistiram que a utilização de provas leva a uma classificação dos alunos. Desde logo, um perigo associado aos testes é que aumente ainda mais a burocratização, que em muitos países chegou a níveis insuspeitos até pouco tempo atrás: há burocracias centrais, regionais, locais e internas ao colégio. Supostamente, a burocracia deve prestar um serviço à educação, mas talvez tenhamos chegado a um ponto em que ela esteja, na verdade, desviando os recursos do próprio ensino para o sistema burocrático, convertendo-se, de certo modo, numa realidade parasitária. É curioso que, depois de abolir as provas de admissão e os exames, veja-se agora uma necessidade de haver testes. É possível que as provas de admissão e os exames fossem criticados porque eram vistos como provas seletivas da inteligência e dos conhecimentos individuais do aluno, e agora parece que o que se pretende é uma perspectiva coletiva. O que se comprova não é o que indivíduo adquiriu, mas o grupo.

A educação tornou-se um campo politizado, com muitos interesses criados. Quando um governo quer fazer uma reforma escolar, dá-se conta de que tem, instalados em suas repartições, funcionários e assessores que conservam uma lealdade aos modelos de educação permissiva há décadas em vigor. Se é assim, o governo tem um problema, porque essas pessoas serão um freio desde dentro e farão com que qualquer mudança seja mais lenta e parcial. Ademais, o que fazer com os sindicatos, que muitas vezes estão ligados a partidos políticos, promotores da pedagogia permissiva, que são por princípio resistentes às mudanças? Além disso, é claro, haverá uma resistência por parte de uma boa porcentagem dos professores, aos quais se ensinou que a nova pedagogia é a boa, e que se sentem incapazes de questioná-la, para não falar dos que se consideram tão maltratados pelas autoridades políticas que já desconfiam de qualquer mudança.

A inspeção escolar tem a função de garantir a qualidade educativa das escolas, e cumpre a missão de orientar os pais sobre as escolas à disposição e de controlar os professores. Contudo, os efeitos da tarefa da inspeção dependem da qualidade dos inspetores. Às vezes, são pessoas ligadas à nova pedagogia e não elogiam a boa aprendizagem, mas a aplicação das diretrizes. Às vezes, um inspetor só aparece brevemente numa escola e apenas fala com os professores antes de formular uma avaliação sobre o colégio. O simples fato de que a qualidade das inspeções possa variar é um motivo de confiança. Tanto as inspeções como os testes pertencem a uma cultura de controle, e não de confiança. Ademais, as escolas que funcionam bem não precisam de inspeção, que se torna, assim, uma perda de tempo e dinheiro.

Há uma diferença fundamental entre a lógica da política e a da escola, porque a mudança na escola é lenta, ao passo que o horizonte político é de quatro ou cinco anos. O que se semeia em educação não se colhe senão muitos anos mais tarde. Os países ocidentais têm de voltar a exigir esforço dos alunos, mas os partidos políticos temem que os pais mal-acostumados votem contra um governo que exige esforço de seus filhos.

Na educação, a novidade nem sempre é melhor que o tradicional, o que choca com a lógica dos meios de comunicação. A imprensa sempre quer algo novo. Se um governo apresenta algumas poucas idéias claras, estas não podem ser vendidas todos os dias como notícia. Mas a opinião de qualquer figura pública que critique um projeto de lei logo se converte em notícia. Essa lógica tem como resultado o público ouvir constantemente que aquilo que o governo propõe não está certo, o que é desconcertante e deprimente numa democracia. Ademais, os jornalistas se interessam mais pelo novo do que por bons resultados. Em suma, muitos jornalistas fazem eco a iniciativas que estão desfigurando a educação.

As críticas constantes podem ter como efeito que os cidadãos não sintam gratidão por viverem num país no qual a educação é gratuita, mas sim um ressentimento por não terem recebido todos os benefícios aos quais crêem ter direito. Por outro lado, se os eleitores escutam que o governo pretende dar a seus filhos uma educação sem que pais nem filhos tenham de se esforçar, sentem que o pacto entre eles e o governo está sendo cumprido. Os cidadãos poderiam se perguntar, então, se a educação merece ser um serviço financiado por eles, já que parece esvaziada de conteúdo e de valores, trivializada.

Um caminho para melhorar os resultados das escolas e do sistema educacional foi a introdução de sistemas de livre escolha de colégio. O chamado "cheque escolar", implantado por exemplo na Suécia, permite aos pais escolherem entre várias escolas sem pensar no custo da escolarização, porque os contribuintes a pagam. Supõe-se que as escolas ruins terão de melhorar sua qualidade ou correr o risco de ter de fechar as portas. A esperança é que a livre escolha sacuda o sistema educacional. A verdade é que muitos países ocidentais votam novas leis e investem em educação, mas, ao mesmo tempo, não parecem realmente esperar uma melhora. Para políticos, ideólogos e administradores, a educação parece ter se tornado um instrumento social e econômico, e não uma meta em si mesma.

A escola necessita do apoio dos pais tanto como os pais necessitam do apoio da escola, mas alguns pais crêem que a escola pode se encarregar de toda a educação do filho, abandonando sua responsabilidade e exigindo que a escola faça o que eles não souberam ou não quiseram fazer em casa. Se a escola tem de fazer as vezes da família, perde sua eficácia como lugar de aprendizado intelectual. Dizer isso não é ser pessimista, mas apenas constatar um fato real. Ademais, a escola se desviar de sua vocação intelectual não garante que possa fazer as vezes de uma família. Quem perde são os alunos que ficam ao mesmo tempo sem família e sem escola.

A educação foi redefinida de tal maneira que quase qualquer experiência conta como educação e, se tudo é educação, o aprendizado das diferentes matérias não parece importante nem mesmo na escola, porque o aprendizado escolar passa a ser apenas um tipo de conhecimento entre muitos. De fato, alguns consideram apropriado realizar atividades de todo tipo na escola, já que todas gerariam algum tipo de experiência. Na formação docente, essa corrente anti-intelectual centra-se nas diferentes técnicas para organizar o trabalho em sala de aula, e não no conhecimento das matérias.

Outra mudança anti-intelectual consiste em falar de diferentes estilos de aprendizagem ou de inteligências diferentes. Pessoas diferentes têm perfis diferentes, ninguém o nega, mas falar mais das muitas maneiras de aprender e dos muitos tipos de inteligência que da própria aprendizagem é algo que mina a educação. Às vezes os que se interessam pelas diferentes maneiras de aprender o fazem porque têm a intenção de oferecer uma oportunidade aos alunos de perfil diferente, permitir que expressem sua personalidade e demonstrem suas diferentes habilidades. Contudo, em geral, essa afirmação das diferentes vias de aprendizagem está ligada a uma corrente anti-intelectual que menospreza tanto a capacidade dos alunos para aprender como a capacidade dos conhecimentos de enriquecer e desenvolver os alunos. E, claro, esta corrente também é resistente a qualquer controle. Às vezes a escola se nega, por exemplo, a aplicar certos testes ou, ao contrário, busca um atalho, tentando melhorar seu resultado através de algum método rápido mas superficial. Em outras palavras, muitas escolas que defendem essas práticas vêem os testes como um problema, e não como um instrumento para garantir a qualidade. Temem que os resultados manchem a fama da escola.

O vínculo entre democracia e educação é uma questão vital. A democracia exige que os cidadãos sejam pessoas virtuosas, porque se baseia no modelo da "deliberação dos heróis", como formulou o filósofo Fernando Savater: para que a democracia funcione, os cidadãos devem ter suficiente interesse por conhecer bem quais são as alternativas, e não devem pensar no benefício próprio e imediato, mas no bem do país a longo prazo. A democracia precisa de eleitores com conhecimentos, maturidade e equanimidade, de modo que tem uma estreita relação com a educação. Sem uma boa educação, não entenderão de economia e poderão cair na armadilha das ofertas populistas. Sem uma boa educação, não entenderão a situação em outros países e a complexidade das decisões que é preciso tomar. Além de dar conhecimentos, a boa educação também capacita o jovem para participar ativamente da vida política, porque o ensina a argumentar.

A boa educação mantém outro vínculo significativo com a democracia, que é a experiência de ter participado numa atividade racional num ambiente regido por regras claras de comportamento. Crescer tendo confiança no império da lei e na responsabilidade dos adultos é mais importante do que dispor de certos conhecimentos especializados. A confiança entre os cidadãos, e entre eles e as autoridades, caracteriza os países que funcionam bem. Pois bem, o primeiro passo para a confiança é o aluno saber que é avaliado de maneira objetiva. Contudo, a nova pedagogia, com sua desconfiança para com os professores, sua visão da opressão que os professores supostamente exercem sobre o aluno e sua ênfase no "novo", pode dar ao jovem, além de menos conhecimentos, menos confiança na democracia.

Certos ideólogos explicam o baixo rendimento escolar de alguns alunos por uma falta de oportunidades. Entretanto, os países ocidentais tiveram meio século de políticas igualitaristas e ainda assim as diferenças persistem. Esses ideólogos acusaram os professores de não apoiar suficientemente os alunos com problemas, mudaram o currículo, diminuíram a presença das provas e das notas, mas continua havendo diferenças entre os alunos quanto ao seu interesse pelo estudo e à sua ambição em relação à vida.

Entretanto, pode ser que a nova pedagogia esteja funcionando mal para os alunos de famílias com uma educação menos intelectual também porque seus pais dão mais ênfase à conduta que à leitura. O ambiente menos estruturado e currículos menos claros, de metas múltiplas, algumas chamadas de *transversais*, dificultaram a identificação com a escola por parte de muitos alunos. Assim, a escola dá menos ênfase à conduta disciplinada, útil à vida profissional e à vida adulta de maneira geral.

Os ideólogos educacionais persistem em dizer que a diferença entre os resultados é uma injustiça, e falam de classe social, etnia, gênero e, recentemente, também de orientação sexual. Mas, com a chegada de imigrantes do Leste da Ásia, esses teóricos educacionais levaram um duro golpe, porque ocorre por exemplo que as filhas de imigrantes chineses de baixo nível cultural e econômico obtêm resultados estupendos. Isso demonstra que o esforço do próprio aluno e o apoio da família à educação são os fatores essenciais, e que isso é assim inclusive se os alunos estudam em escolas caracterizadas pela nova pedagogia. Os pedagogos progressistas não admitem ter se equivocado e agora se queixam dessas famílias, pois crêem que os alunos asiáticos estão sendo pressionados demais e que seus resultados são excessivos. Chamam os alunos em questão de *overachievers*.

Os pais imigrantes, conscientes da importância da educação, costumam se informar sobre a qualidade das escolas à disposição. Nos Estados Unidos, muitos pais de origem japonesa, chinesa e coreana dedicam um esforço considerável a encontrar as melhores escolas possíveis para seus filhos. O interesse e a preocupação dos pais pela educação dos filhos vêem-se depois refletidos em seus excelentes resultados. Quando há necessidade, os pais asiáticos recorrem a professores particulares para melhorar os resultados dos filhos. Este costume se perdeu em muitos países ocidentais, porque a insistência na igualdade faz com que bons resultados escolares não sejam considerados uma conquista elogiável, mas sim uma vantagem desleal, o que mostra que a politização da educação chegou bastante longe.

Durante as últimas décadas, alguns políticos têm insistido que a qualidade e a quantidade educacional são a mesma coisa. Isso pode ser assim se a qualidade do ensino for boa. Mas agora sabemos que existe uma grande diferença entre estar matriculado e realmente aprender. Quantias enormes são investidas nos estudos de jovens que muitas vezes não colaboram estudando, enquanto que, para o futuro do país, são muito importantes os jovens com talento e ambição. Se estes não podem ter uma boa formação, porque se dá prioridade ao igualitarismo, pior para o país.

Junto da família e da igreja, a escola costumava transmitir a cultura ao jovem. Este aprendia não somente conhecimentos, mas também condutas e tradições, e tudo isso num ambiente que era uma instituição social. Uma cultura é uma herança que se conquista pouco a pouco. As palavras de nossa língua são nossa história, mas não nos são inatas: temos de conquistá-las. A cultura é cumulativa, e simultaneamente comum e individual, algo criado pela comunidade mas aprendido fundamentalmente através da leitura, e a leitura exige solidão e concentração. Quando a escola se tornou menos escolar, com menos regras e menos tradições em comum, tornou-se mais pobre. De fato, pode ser que, apesar de os jovens permanecerem mais anos no ambiente escolar, estejam adquirindo menos cultura. Na discussão sobre a igualdade, escuta-se muito que as provas e os testes seriam injustos porque pressupõem conhecimentos culturais. Mas se o homem é cultura, é impossível que haja provas livres de cultura. A única solução é ensinar tanta cultura quanto seja possível a todos os alunos, junto com a capacidade de raciocinar. As provas do PISA minimizam a importância da cultura, e há várias razões para isso: quem as elabora é a OCDE, uma organização de colaboração econômica, de modo que não surpreende que o interesse da organização esteja relacionado ao que é economicamente útil. É preciso reconhecer, também, que é difícil elaborar provas como estas no terreno da cultura.

Houve um giro na interação entre o Estado e o indivíduo. Já não se fala da educação como uma porta de acesso à cultura para todos. Agora, ao contrário, todo cidadão exige que o conceito de cultura inclua aquilo de que ele gosta e que o define. No século XIX, pelo bem da coesão social, tentou-se neutralizar as diferenças entre os cidadãos, ao passo que agora essas diferenças são realçadas. É freqüente um adolescente reprovado em algo responder: "É que eu sou diferente", como se isso fosse uma explicação ou uma desculpa.

3 | A tarefa fundamental da escola: Leitura e socialização

Desde a sua criação, a tarefa fundamental da escola pública foi ensinar a ler e a respeitar a sociedade, e ambas as coisas eram feitas ao mesmo tempo. Até pouco tempo a leitura e a socialização eram duas faces da mesma moeda, mas é muito importante entender que, se muda a maneira de ensinar, muda também o tipo de socialização que se dá ao aluno.

Educar-se é aprender a ler e a pensar

As crianças e os jovens necessitam aprender o que os adultos sabem, porque dentro em pouco deverão se ocupar da sociedade. A maioria dos pedagogos, influenciados pelas idéias do romantismo, crêem que os alunos podem se desenvolver sozinhos, escolhendo as matérias e os conteúdos de sua formação conforme seus interesses. De cara, essa idéia se choca com a necessidade de que estes jovens entendam bem a sociedade da qual terão de se encarregar em pouco tempo. Não podem escolher qualquer leitura e afirmar que tanto faz uma como a outra, porque terão de ser capazes de entender situações muito variadas que não foram eles que criaram.

A TAREFA FUNDAMENTAL DA ESCOLA: LEITURA E SOCIALIZAÇÃO

Aprender a ler é uma das conquistas intelectuais mais importantes da vida inteira. Para ler bem, o aluno principiante necessita não somente ter aprendido as letras, mas também muitas palavras, e ter conhecimentos muito variados. Para facilitar os primeiros passos, normalmente os livros para principiantes aludem a situações familiares para as crianças. Isso quer dizer que os manuais de leitura são escritos normalmente para determinado país. Por exemplo, não é certo que um livro publicado na Grã-Bretanha seja o melhor para a Austrália, e vice-versa. Nesse sentido, o primeiro livro instala o jovem em sua cultura, mostrando a ele que pertence a uma comunidade humana que compartilha significados.

O aluno necessita saber muito para entender o que lê e guardar uma reconstrução do que leu em sua memória. Já que é difícil transferir a compreensão de uma área para outra, é preciso conhecer as áreas que podem aparecer num texto. Certos dados pertencem à cultura geral de uma sociedade, e supõe-se que todo mundo os conhece, ao passo que outros são considerados conhecimentos especializados, que não pertencem à cultura comum. Saber o que é um dinossauro pertence hoje em dia à cultura comum, mas não o é saber distinguir entre diferentes tipos de dinossauros.

É importante inserir o aluno principiante numa turma apropriada quando começa o colégio, e assegurar-se de que ele aprende no mesmo ritmo em que o fazem os demais. Em qualquer caso, é desejável que todos os alunos do grupo aprendam ao mesmo tempo no primeiro grau. Existem métodos para ensinar a ler as crianças que não tenham aprendido no mesmo ritmo que o resto da turma, e costuma-se gastar meio ano com trinta minutos de instrução individual por dia.

As crianças precisam entender entre 90 e 95% das palavras para compreender um texto. Se entendem quase todas as palavras, é provável que entendam o significado do texto e possam recordá-lo, incorporando ao seu vocabulário as poucas palavras que desconheciam. Ao contrário, se conhecem apenas 70% das palavras, não entendem o texto e não aprendem mais palavras, porque não podem aprender algo que não entendem. Este é um argumento a favor das turmas não muito heterogêneas. Na escola, as crianças aprendem entre duas e três mil palavras por ano, e às vezes mais. Aprendem ao mesmo tempo vocabulário e conteúdo, e assim melhora sua compreensão de leitura. Ademais, há um aprendizado invisível, porque as palavras mais freqüentes costumam ter muitas acepções, e por isso é preciso ouvi-las e vê-las em diferentes contextos para poder interpretá-las corretamente. Trata-se de um equilíbrio entre o novo e o desconhecido. É melhor ler textos completos do que excertos, porque o aprendizado das palavras novas se faz mais rapidamente num contexto conhecido. As crianças que aprendem a ler muito rápido costumam continuar sendo bons leitores, porque, quando é fácil ler, dá gosto, e dessa forma lêem mais e aprendem mais. Entram num círculo virtuoso.

O debate sobre o aprendizado da leitura centrou-se na questão da decodificação, mas esta é a parte mais fácil. Pensar que a leitura é apenas uma habilidade é um erro. O importante não é a leitura em si, mas a compreensão da leitura que se baseia na compreensão do mundo. A criança pequena aprende a ler, depois lê para aprender e, finalmente, na adolescência, o aluno pode entender que um texto expressa um ponto de vista, e é então que está pronto para ler obras literárias para adultos. As estratégias de leitura tampouco podem substituir os conhecimentos, porque não há estratégia que possa nos dizer o que um texto expressa — por exemplo, de química orgânica — se não estudamos a matéria.

O que os pais devem notar é que a escola dedica à introdução e à primeira prática da leitura cerca de duzentas horas, mas que, para se tornarem bons leitores, as crianças precisam de cerca de cinco mil horas. Em outras palavras, é impossível que cheguem a ser bons leitores sem ler em casa. Pouco a pouco, a escola vai acrescentando conhecimentos e vocabulário e, lendo em casa, o jovem completa sua educação escolhendo textos cada vez mais sofisticados para suas leituras pessoais. Assim, os alunos continuam se desenvolvendo, tornam-se capazes de usar o que leram para aprender e também para se entreter.

O cérebro não é um computador, mas nós podemos nos permitir uma comparação. A plasticidade do cérebro significa que nós o vamos "configurando" ao usá-lo. Se tocamos um instrumento, a área dedicada a esse instrumento aumenta no cérebro. Se nos dedicamos a certo esporte, dá-se o mesmo. Se lemos muito, o mesmo. Se começamos com uma atividade numa idade precoce e nos dedicamos a ela com afinco, não só a área correspondente cresce no cérebro como também as vias de comunicação se tornam mais estáveis e mais rápidas, e o resultado é mais destreza. Essa destreza inclui correção, rapidez, elegância e capacidade de tirar conclusões, e, com o tempo, permite a criatividade. Alguém com conhecimentos e experiência sabe avaliar rapidamente

A TAREFA FUNDAMENTAL DA ESCOLA: LEITURA E SOCIALIZAÇÃO

uma nova situação e encontrar uma boa solução. Costuma-se dizer que o cérebro está em construção, ou mais que isso, que ele se caracteriza por nunca chegar a um término. Precisamente por essa plasticidade do cérebro, convém começar a aprender quanto antes possível, para que o processo de interconectividade comece o quanto antes. Sempre temos capacidade para aprender mais, porque o espaço no cérebro não se acaba. Através dos novos dados e da experiência adicional, os conhecimentos se organizam de maneira mais eficaz. Aprender desde muito jovem só tem benefícios. Se não começamos a praticar *ballet* clássico quando somos pequenos, é pouco provável que mais tarde nos destaquemos como bailarinos. Se nos negamos a ler livros quando pequenos, é pouco provável que, quando adultos, sejamos bons leitores.

A propósito da leitura e dos alunos adolescentes, não é a mesma coisa ler na *internet* e ler um livro. Quando estamos numa página na *internet*, vemos os *links* para outras páginas e nos perguntamos se não seria melhor buscar outra. Ou seja, em vez de nos concentrarmos em ler e em refletir sobre o que estamos lendo, estamos dividindo a atenção entre a leitura e as decisões que estamos em via de tomar. O fato de sempre haver mais páginas e mais informação tende a diminuir o valor daquilo que temos diante dos olhos. Quando estamos numa página *web* usamos mais os lóbulos frontais, que constituem a parte do cérebro que ativamos quando estamos tomando decisões. Se, ao contrário, estamos lendo um livro, é porque já decidimos ler o livro, e no momento não precisamos tomar nenhuma outra decisão, o que permite que nos concentremos na compreensão do escrito.

Apesar da nova pedagogia supostamente querer favorecer os alunos com problemas, ela cai numa contradição, porque os alunos com problemas são os que mais necessitam de uma instrução explícita. Por que então se critica o professor que dá aula em vez de deixar que os alunos se dediquem a trabalhar individualmente ou em grupo? A nova pedagogia enfatiza a colaboração entre os colegas, mas, na realidade, os alunos aprendem mais vocabulário escutando os professores, que têm um vocabulário mais preciso que o dos colegas. Se se quer ajudar as crianças e os jovens de baixo nível cultural, dever-se-ia aumentar o número de aulas nas quais o professor explicasse o conteúdo a ser aprendido. Além disso, os adultos dão melhor retroalimentação que outros jovens. Outra observação similar é que as crianças da classe média assistem a outros tipos de aula e fazem outras atividades durante o tempo livre, ao passo que as crianças socialmente mais necessitadas passam mais tempo brincando. Se o propósito é favorecer as crianças da classe trabalhadora, por que se introduz mais brincadeira na escola em vez de mais aulas e mais conteúdo?

Ao entrar no primário, alguns alunos talvez só disponham de um vocabulário de três mil palavras, enquanto os mais avançados têm entre seis ou sete mil. Isso constitui uma diferença enorme na capacidade de entender um texto. Quando lêem, os alunos com menos riqueza de linguagem não são capazes de identificar as palavras de maneira precisa e completa, e se contentam com uma compreensão aproximada. Ao se depararem com uma palavra desconhecida, nem sequer podem adivinhar seu possível significado por conta de seus limitados conhecimentos. Se estudam com um professor, este pode preparar a leitura de um novo texto, indicando qual é o ponto de partida do texto e qual sua estrutura. Assim, os alunos aprendem que um texto não é uma mera justaposição de palavras: nos contos há um começo, um meio e um fim.

Alguns adolescentes de bairros problemáticos só dispõem de um vocabulário pobre e sua pronúncia é vacilante. São como as crianças pequenas as quais só os membros de sua família entendem. Não aprenderam a utilizar a linguagem como um meio de comunicação entre pessoas que não se conhecem. Em outras palavras, falta-lhes a idéia de objetividade em combinação com a linguagem, e se encontram num círculo vicioso: aprendem cada vez menos porque evitam falar com pessoas de fora do seu bairro, já que não as entendem, e, ao mesmo tempo, não são compreendidos. Também não analisam sua própria linguagem e não conseguem transformá-la num instrumento para pensar. Permanecer mais anos no colégio não os ajuda, já que não estudam realmente, apenas passam o tempo. Freqüentemente querem fazer de seus professores confidentes, mas não para estudar mais e melhor, mas por insegurança social e psicológica. Há um marcado contraste entre, de um lado, a ignorância desses jovens, e, de outro, sua roupa de marca sofisticada e seu celular do último modelo. Sua defesa contra tudo o que não sabem costuma ser o desprezo: não necessitam de mais palavras, não necessitam ler nem estudar. A desconfiança e a negação são atitudes muito comuns. Para que lhes serviria saber mais palavras? Os colegas ririam deles. Pode ser que pensem também que as palavras e a leitura são coisas de menina, uma mudança histórica total. A falta de cultura produz um conformismo ignorante caracterizado por esquemas mentais muito limitados. Exigir esforços desses jovens é mostrar respeito por eles. De maneira alguma os adultos e muito menos os professores devem respeitar a cultura da incultura.

A socialização

Ao ingressar na escolar, a criança sai pela primeira vez do âmbito da família de maneira estável, um passo enormemente importante. Talvez o ano mais importante da escolarização seja o primeiro, não somente porque é então que o professor introduz a criança no conhecimento das letras e dos números, mas também porque lhe ensina a se comportar como aluno. Tornar-se aluno significa chegar na hora, saber formar fila, fazer silêncio quando o professor pede, não importunar os outros e ser capaz de se concentrar na tarefa. Tudo isso constitui um avanço gigantesco no desenvolvimento social da criança. Ela está dando seus primeiros passos no mundo fora da família. Ela é tratada como indivíduo, e não como um apêndice de sua mãe. Nesta transição o professor pode contar, quase sempre, com a boa vontade da criança, que se sente orgulhosa de ser aluna e de pertencer a algo tão importante como o colégio.

Quando o aluno tem uns dez ou onze anos, está ocupado com o adestramento do seu corpo: é cada vez mais forte e mais ágil, controla melhor sua motricidade e o encanta brincar com as outras crianças. As meninas brincam de duas em duas, trocando segredos com a amiga, ao passo que os meninos costumam preferir os jogos de equipe, como o futebol. Nessa idade, o desenvolvimento moral é rápido e costuma interessar muito aos alunos a questão do que é justo ou injusto.

Na educação secundária, o aluno passa do "aqui e agora" de uma criança pequena para o "ali e depois" de um aluno mais maduro. Em geografia e história os dados são estudados com mais precisão. Introduzem-se novas matérias, como física, química e biologia, e as línguas estrangeiras são estudadas de maneira mais consciente. Numa palavra, o campo de estudo se torna mais amplo e mais profundo e, cada vez mais, o aprendizado exige que o aluno relacione os novos conhecimentos com os anteriores. A adolescência é a idade em que se define a identidade do jovem, e um mundo está se abrindo para ele. O jovem se prepara para forjar um futuro com a ajuda de sua vontade, e aprende a colocar metas e fazer planos de longo prazo. Se, nessa idade, já tiver se tornado um leitor habitual, será mais fácil a tarefa de orientação, dado que a leitura lhe propõe diferentes papéis sociais, que alargam seu horizonte e o preparam para a vida adulta. Quando o jovem aprende as matérias e adquire habilidades, chega passo a passo a descentrar-se, no sentido de entender que ele não é o centro do mundo. Acostuma-se a levar em conta a vontade dos outros. Este é um processo que associamos ao conceito de maturidade. Através do estudo, o jovem aprende a ver seus limites, porque se dá conta do pouco que sabe em comparação com o que poderia saber.

Nas culturas tecnicamente menos avançadas, a escolaridade costuma ser breve, o que quer dizer que o jovem passa quase diretamente da família para a vida do trabalho. Torna-se aprendiz imitando em seu lugar de trabalho tanto as habilidades profissionais como sociais dos adultos. Conforme as características do lugar, esse aprendizado será mais ou menos agradável. Em alguns meios sociais, a criança nem mesmo tem acesso a esse tipo de adestramento; fica desamparada e deve se virar como puder para sobreviver.

Tradicionalmente, a escola ensinava o valor do esforço e o prazer de um trabalho bem-feito. Ensinava conhecimentos desenvolvidos pelos homens e mulheres que nos precederam, que também elaboraram instrumentos intelectuais e práticos que nos permitem viver melhor hoje. A boa educação é aquela que combina ensinar um conteúdo com ensinar a conquistar as metas que o sujeito se propõe, e a viver conforme certas regras para que funcione um espaço vital compartilhado. Aprender a respeitar os professores e a escola como instituição social, portadores desse bem comum que é o conhecimento, é a introdução à idéia de cidadão, porque a vida no colégio é social, é uma vida em comum, regida por regras elaboradas pelos que foram escolhidos e aceitos pelos cidadãos. Esses são os valores que, sem dizer, a escola difunde enquanto instituição.

À medida que escuta ou lê, o jovem se abre para outras perspectivas. Escutando e observando, o jovem elabora suas próprias idéias sobre o mundo e sobre a confiança que merecem os diferentes tipos de pessoas. Ele se "des-centra". As rotinas e as exigências do primário ajudam o aluno a dar este passo. Trata-se de uma maturação, que é o efeito combinado das experiências da criança por pertencer ao mesmo tempo à sua família, à escola e a diferentes grupos de colegas. Aprende a se sentir ao mesmo tempo individual e membro de um grupo, porque uma coisa não impede a outra. A criança vai abandonando uma visão egocêntrica do mundo, ou seja, compreende que não é o centro.

Entretanto, depois da introdução da nova pedagogia, esses valores foram substituídos por outros, dos quais já tratamos de alguns. Não se enfatiza o esforço, mas o entretenimento. Não se fala tanto do resultado a longo prazo como da autoavaliação do aluno no momento. Convida-se o jovem a passar por alto as faltas do colega e a não ajudá-lo a melhorar sua conduta. Propõe-se que o jovem se identifique com sua própria geração mais que com a sociedade. Quando os jovens vêem, diariamente, que as regras não são respeitadas e que um colega pode zombar dos adultos, esta experiência lhe sugere a idéia de que as obrigações na verdade não o são, e que os adultos e as autoridades não são sérios. Parece facultativo aceitar as obrigações, já que não há qualquer sanção. Uma escolarização prolongada, baseada na nova pedagogia, e a educação através dos iguais não será mais proveitosa para os alunos do que estar na rua. Mais que isso: os alunos violentos podem conceber a idéia de que os adultos são uns inúteis que nem sequer defendem seu próprio território, tal como eles fazem.

Hoje, tanto a família como a escola vacilam quando se trata de exigir que o jovem colabore com a sociedade. Isso é grave, uma vez que a família e a escola são as duas primeiras "minissociedades" que o jovem encontra, e das quais tira sua idéia do que é uma sociedade. Hoje nota-se um desequilíbrio entre os direitos que o jovem acredita ter e as obrigações que aceita. Ouvem-se afirmações como "tenho o direito de fazer o que eu quiser", ou "não tenho de agradecer nada a ninguém". Se a família e a escola não exigem o cumprimento de certas regras, elas serão as primeiras a pagar por isso, e a segunda é a sociedade inteira; demos alguns exemplos.

Muitas escolas começaram a limitar o número de concertos, palestras e cerimônias de começo e fim de ano — atividades que dão uma moldura ética e estética ao ano escolar —, porque já não confiam na conduta adequada dos alunos. Por causa da indisciplina de alguns alunos, todos perdem uma experiência social e estética que dá coesão à comunidade escolar. Mas, em realidade, o problema não se limita à escola: atualmente, nos cinemas e nos teatros, apesar das advertências, os espectadores não desligam o celular, mandam mensagens e tiram fotos. Certos espectadores querem entrar na sala com comida e bebida, outros exigem entrar ainda que a sessão já tenha começado e alguns comentam em voz alta o que acontece na cena. Tudo isso tem conseqüências nefastas, já que uma das funções do teatro e do cinema é proporcionar uma experiência estética que requer concentração e silêncio. A conduta de um espectador não concerne apenas a ele mesmo, mas também aos outros espectadores. A falta de medidas enérgicas na escola para fazer com que se respeitem as regras já está causando dano em outros âmbitos. No futuro, só funcionarão os concertos de *rock*, tão ruidosos que abafam qualquer outro ruído?

A importância da disciplina para os alunos com menos vantagens sociais se reflete em algumas experiências norte-americanas para criar boas escolas afro-americanas. Em todos os experimentos bem-sucedidos, são introduzidas certas regras inflexíveis a propósito da pontualidade, da vestimenta decorosa e da obrigação de fazer as tarefas. Não se encontrou nenhuma maneira de educar que não seja através de uma conduta que respeite a ordem da escola. A dignidade do comportamento de todos, alunos e professores, é uma condição para poder aprender. É preciso excluir os elementos que distraiam os alunos dos estudos; por exemplo, a possibilidade de perambular pela sala ou de poder falar com outro aluno quando é preciso escutar, sem falar de brincar com celulares e com os computadores.

As escolas bem-sucedidas mencionadas costumam convidar regularmente representantes de diferentes empresas para informarem os alunos sobre as exigências para se obter um emprego na empresa em questão. O que as empresas costumam requerer é uma presença digna, pontualidade e lealdade. Ademais, é importante que o empregado saiba se dirigir aos clientes de maneira cortês, oralmente e por escrito, e que saiba manejar a matemática num nível básico. Em outras palavras, a educação sem exigências não dá aos alunos o que eles precisam de maneira urgente. É curioso que a nova pedagogia se interesse tanto pelo aluno mas nem tanto pelo aprendizado de que ele necessita. Por que um aluno aceitaria seu papel de aluno se não for para aprender? Por que aceitaria esse papel se não lhe é ensinado que precisa aprender?

A TAREFA FUNDAMENTAL DA ESCOLA: LEITURA E SOCIALIZAÇÃO

Assim, pois, a nova pedagogia debilita as estruturas de socialização, e portanto dá mal resultado, de maneira particular, entre alguns imigrantes homens. Se vêm de países não democráticos, causa-lhes confusão a ausência de regras claras no país que os acolhe. Alguns não estão familiarizados com o conceito de Estado, e menos ainda com o de Estado de direito. Em seus países de origem, o Estado está ausente da vida diária ou tem uma presença ameaçadora e brutal. É uma tarefa urgente do país que os acolhe mostrar-lhes uma nova maneira de se relacionar com o Estado. O cidadão de um Estado democrático de direito sente-se inserido num âmbito mais amplo e mais complexo que o da família ou do bairro. Ademais, num Estado com essas características, os cidadãos confiam nas autoridades, ainda que não cegamente. No trabalho, supõe-se poder confiar que os funcionários dirão a verdade e serão honestos e, quando isto não é assim, considera-se um escândalo.

Apesar disso, o que se vê em alguns bairros das grandes cidades ocidentais é um ataque a toda regra, contra o que representa o Estado e contra os bens comunitários, tanto materiais como culturais. Sem sombra de dúvida, isso está conectado com a escola, porque não obedecer ao professor constitui um dos primeiros passos para o desenvolvimento de atitudes anti-sociais. Por isso, a desobediência escolar não é apenas um assunto interno da escola, mas um problema social. Que os alunos aprendam a se comportar como alunos dentro do quadro acordado pela lei é um objetivo de primeira importância.

Ouve-se atualmente que é preciso dialogar com diferentes grupos que ameaçam a sociedade, mas esta idéia se baseia na suposição de que esses grupos estão abertos às sugestões de outras pessoas. Para que haja um verdadeiro diálogo, as duas partes devem querer chegar a uma solução. Alguns grupos violentos aceitam o diálogo apenas para melhorar sua própria situação de negociação. Observa-se um diálogo falso também em alguns programas de televisão e de rádio, onde não há nem diálogo nem debate, porque os participantes não chegam a escutar, apenas proferem sua opinião. Querem dar-se a conhecer, monopolizar a atenção, e não dialogar, uma atitude que às vezes tem sua origem na escola.

Em suma, a nova pedagogia debilita a socialização dos jovens. O jovem precisar ver que é preciso se esforçar, ter metas a longo prazo, cumpri-las, e tudo isso num ambiente de ordem. Pelo bem de toda a sociedade, é preciso dotar as escolas de um marco legal que lhes permita fazer o regulamento ser respeitado.

4 | A educação de um jovem é uma colaboração

A educação de um jovem é um projeto de colaboração entre o próprio jovem, a família, a escola e a sociedade. Até um tempo atrás, cada um sabia qual era o papel que lhe correspondia nesse projeto, mas atualmente tudo está confuso. Os professores já não correspondem à imagem que costumávamos ter deles, e nem os alunos ou os pais. Também não podemos mais confiar em que o Estado defenda e garanta a boa educação. Vamos indagar que papel cada um desempenha na educação de um jovem. Contra o costume atual, que considera sempre o aluno em primeiro lugar, nós vamos começar pelos professores, que, segundo muitos informes, são o fator essencial da educação escolar.

Os professores

Comecemos listando algumas características da profissão docente, que muitos pensam conhecer sem haver tido contato com ela. Um professor é um profissional, tal como um advogado ou um médico. As profissões se baseiam numa formação longa e completa, que inclui um conhecimento especializado, que implica conhecimento de teorias, terminologia específica e a prática adequada. Cada profissão tem sua ética, defende sua autonomia e costuma estar protegida por um certificado oficial. Os profissionais não só devem ser competentes como também devem saber avaliar sua própria competência, ou seja, dispor de um nível de "metacompetência".

A formação docente dota o professor apenas das bases da habilidade profissional, porque ele necessitará de vários anos para integrar a teoria e a prática. Ocorre como com o médico, que utiliza o conhecimento aprendido nos manuais contrastado com sua experiência direta com os pacientes. Tudo isso junto o dotará do famoso "olho clínico", que lhe permitirá dizer, por exemplo, quando se trata de um paciente asmático. Ele não sabe com exatidão, e realmente não lhe importa, quanto aprendeu com os manuais e quanto com a experiência, nessa fusão de teoria e prática.

O que distingue um especialista em qualquer área é saber muito e ter muita experiência. Numa nova situação, ele identifica rapidamente o que é ordinário e o que é novo. Sabe distinguir entre uma regra, um exemplo e uma exceção. Grande parte de sua habilidade está na rápida e correta definição de uma situação.

Pois bem, o conhecimento tem algo de coletivo no sentido de haver conhecimentos que todos reconhecem como indiscutíveis e corretos. Entre os professores há bastante consenso sobre o que um aluno de certo ano deve saber e que respostas são inadmissíveis. Contudo, é certo que o conhecimento não é estático, mas sim muda lentamente, introduzindo novos dados e novos pontos de vista; mas a biologia ensinada nos colégios, por exemplo, não muda da noite para o dia porque algum pesquisador encontrou algo novo. De modo algum o progresso científico pode ser uma razão para não se estudar as matérias.

O professor é um profissional universitário capaz não somente de ensinar uma matéria, mas também de moldar o ensino e atualizá-lo conforme a turma à qual se dirija. A docência é um trabalho criativo na medida em que o professor deve adaptar o ensino à situação e utilizar todos os seus recursos profissionais e pessoais, além de sua energia física e psíquica, sua maturidade e seu senso de responsabilidade e, às vezes, seu senso de humor.

Quando há muitas transferências de professores e de alunos, a comunidade dos professores de certa matéria oferece ao professor um ponto de referência. A base dessa comunidade é a combinação de conhecimento pessoal e de confiança nos conhecimentos profissionais dos outros. Um professor precisa discutir quais são as melhores práticas de campo, que materiais escolher para certa tarefa, como corrigir certa prova ou como organizar um determinado curso.

Entre professores, os relatos constituem uma fonte importante de informação. Outro professor entende muito bem o essencial de certa experiência de um colega porque conhece a situação descrita. Aprender da experiência dos outros poderia ser entendido como uma espécie de aprendizado "desde baixo", ao passo que aprender de uma teoria ou de um manual seria aprender "desde cima". Os bons profissionais aproveitam os dois tipos de aprendizado, e costumam preferir as pequenas melhoras contínuas às mudanças drásticas.

As pessoas alheias ao mundo da educação talvez não percebam a importância de um professorado estável para uma escola. Se os professores permanecem bastante tempo no colégio, sentem-se tranqüilos, surgem menos conflitos e lhes sobra energia para ajudar um jovem colega. Quanto à motivação do professor para escolher a profissão, o salário influi, mas também deve-se destacar a motivação interior de contribuir com a sociedade. Os professores costumam ficar ressentidos com o excessivo controle burocrático, que os obriga a reunir uma documentação que julgam inútil, e tampouco estão de acordo com ter de aplicar alguns testes que acreditam não serem necessários. De fato, em muitos países hoje deparamo-nos com um novo problema, pois os professores, cansados de reformas ideológicas da educação, tornaram-se céticos em relação a qualquer proposta por parte das autoridades.

A respeito do importante problema da seleção dos futuros professores, poderíamos tomar como referência, por exemplo, a seleção dos futuros pilotos. Na aviação, estuda-se como pensam e reagem os melhores pilotos, e depois busca-se os candidatos que se assemelhem o máximo possível aos especialistas. Entretanto, na maioria dos países ocidentais, mal se faz uma seleção dos futuros professores, porque há poucos candidatos. Em contraste, um país como a Finlândia pode escolher entre cinco e dez bons candidatos para cada vaga de formação docente. Os candidatos escolhidos são tão bons que, depois dessa primeira seleção, quase não são necessárias outras avaliações posteriores do professorado.

A habilidade de um professor é algo muito complexo. Em alguns estados dos Estados Unidos, os docentes devem adquirir um tipo de certificado, e esse processo pode consistir, por exemplo, em provas de conhecimentos gerais e de conhecimentos específicos da matéria que o professor vai lecionar, provas de conhecimentos pedagógicos e um teste psicológico. Esses testes ajudam a afastar algumas pessoas de baixo nível, mas não são suficientes para identificar os professores realmente bons. Nem mesmo combinando os testes com uma entrevista fica fácil saber se alguém é um bom professor.

Um bom profissional não só desenvolve seus conhecimentos mas também amadurece como pessoa. Portanto, não se trata apenas de algo quantitativo, mas também qualitativo. Há grandes diferenças entre os profissionais de cinqüenta ou sessenta anos que amadureceram e os que são cada vez mais egocêntricos. A pessoa madura não se dedica a lamentar a juventude passada, mas se torna um protetor e guia da geração seguinte.

As sociedades ocidentais são contraditórias em suas exigências em relação ao que se deveria considerar um bom professor. Por um lado tende-se hoje a proteger os jovens da frustração exigindo pouco deles, mas também se quer que os jovens compitam com os de outros países e que saiam vitoriosos. Quer-se que aprendam solidamente as matérias, mas, ao mesmo tempo, dá-se muito relevo aos chamados temas transversais. Quer-se que os professores estabeleçam um bom ambiente escolar e, ao mesmo tempo, uma instrução eficaz. Quer-se que o professor trate todos igualmente e, ao mesmo tempo, que responda às necessidades de cada um. Exige-se que os professores mantenham a ordem em sala de aula mas, ao mesmo tempo, não se lhes concede autoridade legal para fazê-lo...

O professor precisa estar em boa forma física para agüentar todas essas exigências contraditórias. Talvez assuste alguns o fato de se falar de exercício físico ao tratar das características de um professor atual, mas alguém que está sempre cansado, às vezes com dor de cabeça, é difícil que tenha forças para se concentrar no bem dos alunos. Desde logo, a possível amargura privada do professor não deve ser percebida na aula.

O professor também precisa estar em plena forma psíquica, porque sua tarefa é complexa. A aula deve ser adaptada à turma, e esta tem certa história anterior que é preciso levar em conta. A aula deve ser uma continuação ou um comentário a algo já tratado e, ao mesmo tempo, constituir um passo em direção ao um novo conhecimento. Deve-se focar os conceitos de modo que aquilo que é aprendido possa se organizar no cérebro do aluno. A linguagem do professor deve ser clara e precisa, e contribuir para o desenvolvimento da linguagem do aluno. Como nunca se sabe o que vai acontecer num grupo humano de cerca de trinta membros, o professor deve estar alerta para o imprevisível. Ademais, numa sala de aula tudo o que sucede é público, porque há trinta testemunhas, de modo que o professor não pode dar-se ao luxo de responder de maneira mal-humorada.

Atualmente muitos professores saem de licença por conta de doença, e aumentam entre eles as enfermidades psicossomáticas e as depressões, o que é um indício da profunda alteração que se está verificando na profissão. Os professores não costumavam ficar doentes nunca, porque seu senso de responsabilidade era muito forte. Também era freqüente que os resfriados não ocorressem até o semestre terminar, como se o corpo do professor não lhe permitisse cair doente quando sua presença no colégio era necessária. Agora os professores se vêem insultados e agredidos, no mínimo sobrecarregados, e se identificam menos com seu trabalho.

Os professores precisam ter uma vida intelectual própria para alimentar sua mente. Precisam de tempo para ler livros, ir a concertos e viajar. Para estimular os outros, é preciso armazenar idéias e conhecimentos e, além disso, renovar-se continuamente. A palavra "professor" deveria evocar a imagem de alguém aficionado pelos livros, alguém que acorre avidamente quando se organiza uma conferência com um intelectual famoso da capital ou se apresenta um espetáculo teatral. Deveríamos encontrar o professor freqüentemente na livraria local e na biblioteca pública. Quando um professor "enche o estoque" dessa maneira, pode falar em aula dos temas culturais com entusiasmo, e seu vocabulário se enriquece. No informe McKinsey de 2007 foi dito que, para saber se um professor é bom ou não, o método mais rápido é avaliar seu vocabulário. Se tem um vocabulário pobre, é provável que seus alunos progridam pouco, e que também não desenvolvam um vocabulário rico e variado.

É um erro o professor tentar aumentar sua popularidade falando da música e dos programas de televisão que os alunos vêem. A tarefa do professor é dar-lhes conhecimentos dos quais os alunos não teriam se inteirado se não estivessem na escola.

Algo que o professor também não deve fazer é falar de sua vida privada, de sua família ou de seu posicionamento político. Desvelar seu próprio posicionamento político atrai inimigos, e não amigos. Por outro lado, se um diretor de colégio quer melhorar a aprendizagem dos alunos, deve proteger os professores de tudo o que diminua sua concentração no ensino, em primeiro lugar da gestão administrativa e das exigências de alguns pais.

Atualmente, quando alguém insiste na importância do professor na educação, é freqüentemente acusado de querer reintroduzir um modelo de professor autoritário. Contudo, o professor não deve ser nem autoritário e nem carismático, mas profissional. Não é professor para sua própria glória, mas para o bem dos alunos.

A educação tradicional utiliza a autoridade do professor como uma técnica para fazer o ensino funcionar, um tipo de contrato social que estipula que os alunos devem obedecer às instruções do professor. A autoridade do professor depende também de que este seja uma autoridade em sua matéria e, é claro, de que seja ele quem avalia e dá as notas; mas, como já comentamos, a nova pedagogia não admite nenhum tipo de autoridade por parte do professor, mas prefere que a turma se guie sozinha.

A educação é uma atividade ética, e um professor é portador de valores éticos. Uma prova disso é que, por mais estranhas que sejam algumas pedagogias, até agora nenhuma propôs aceitar os professores desonestos, ladrões e abusadores. Se a realidade e a verdade não existem, como sustentam algumas teorias, por que seria tão importante a conduta do professor? Em realidade, ainda que a nova pedagogia não admita o professor como modelo, na prática conta com um professor moral. Nenhuma pedagogia prevê a possibilidade de que alguns professores ensinem conscientemente dados evidentemente falsos, por exemplo para obter uma revanche contra um grupo de alunos que tenha se portado mal. Se os conhecimentos não existem, por que não ensinar dados falsos? A rigor, nem se deveria falar de dados falsos se os conhecimentos não existem.

A tarefa do professor primário é, antes de tudo, ensinar a trabalhar. Saber dirigir a atenção a uma tarefa não é inato, mas é preciso aprender a fazê-lo. Ademais, é bom que os alunos aprendam a se sentir contentes depois de terminar uma tarefa difícil. Ser aluno é pertencer a um grupo, trabalhar e se superar. Se o professor primário cumpre bem sua tarefa, os alunos terão uma base sólida para o resto de sua escolarização. Por suas exigências e seu comportamento, o professor terá ensinado ao aluno que a escola é um espaço distinto de sua casa, e que, na escola, mostrar certo pudor nos modos facilita a convivência. O professor deve prestar atenção ao trabalho bem-feito mais que ao jovem que não o faz, porque a atenção do professor é uma recompensa muito forte.

Durante meio século, a vontade de "democratizar" foi a idéia principal da educação na maioria dos países ocidentais. O método escolhido foi pedir ao docente que se aproximasse do aluno, em vez de exigir que o aluno se adequasse ao nível do ensino. Insistiu-se na obrigação do docente de gerar no aluno um interesse pelo aprendizado, mais que exigir um esforço por parte do aluno para encontrar uma motivação própria. Como pensa-se que todos os *novos alunos* terão um interesse espontâneo pelas matérias, a idéia que foi sendo imposta pela política educacional foi facilitar a influência do aluno no conteúdo e nos métodos de estudo. Entretanto, os resultados dessa medida não são positivos.

O informe McKinsey mostra que o fator chave para uma educação bem-sucedida são os professores. O que determina o resultado não é tanto o investimento em edifícios nem em materiais, mas a inteligência e a preparação do professor. O que fazem os países mais bem-sucedidos? Escolhem seus futuros professores dentre os melhores alunos que saem do ensino médio. Para poder fazê-lo, pagam aos professores o mesmo que pagam a outros profissionais de alto nível. Educam-nos com os melhores professores universitários. Garantem a eles uma vaga assim que terminarem sua formação. Acompanham-nos durante os primeiros anos de seu exercício na profissão. Um país como a Finlândia, inveja de outros países europeus, faz tudo isso, assegurando para si, desse modo, o serviço de professores muito bons.

O informe McKinsey também demonstra que são menos exitosas outras medidas, como investir mais dinheiro na educação de maneira geral, dar mais autonomia aos colégios sem mudar outras coisas, diminuir o número de alunos por turma ou aumentar o salário dos professores sem mudar mais nada. O informe destaca ser preciso ocupar-se em primeiro lugar da qualidade do professor. Como disse um dos entrevistados no informe: um professor não pode dar o que não tem.

A EDUCAÇÃO DE UM JOVEM É UMA COLABORAÇÃO

Diminuir o número de alunos por turma é atualmente a medida mais requerida pelos sindicatos de professores, mas o informe assinala que esta medida é muito cara e menos eficaz que outras. E poderia até ter um efeito maléfico, porque, se há menos alunos por turma, são necessários mais professores. Se se necessita de mais professores, não é possível manter uma exigência muito alta, simplesmente porque não há pessoas suficientes de excelente qualidade que queiram ser professores. Ademais, se é preciso recrutar muito mais professores e a massa salarial é a mesma, o salário de cada um não vai ser muito alto, e isso vai dissuadir da carreira docente os estudantes brilhantes. Ao contrário, o que é preciso fazer é atrair as pessoas mais capazes, oferecer-lhes um bom salário e demonstrar-lhes muito apreço, de tal modo que queiram permanecer na profissão para que muitos alunos possam gozar do privilégio de aprender com eles.

O ambiente anti-intelectual instaurado em muitos colégios afasta os jovens que poderiam ter escolhido essa profissão. Desencantados com o que vêem, preferem buscar outras saídas profissionais antes de se responsabilizarem por uma política educacional que não funciona. Dessa forma pode produzir-se um efeito maléfico: que parte dos que se apresentam para ocupar os postos vagos tenham menos ambição quanto à sua tarefa educacional e à exigência de aprendizagem dos alunos. Os responsáveis políticos e administrativos falam sem parar de profissionalismo, qualificação, certificados e renovação, e por isso é difícil para pessoas que estão fora do mundo da educação entender o que aconteceu.

Se o essencial para o aluno é ter um bom professor, os sindicatos se vêem diante de um grande desafio: vão aceitar antepor o bem dos alunos e do país à sua própria tradição coletivista? Vão aceitar que se despeça os professores de mau desempenho? Para que isso ocorra, é provável que seja preciso mudar também a legislação trabalhista em muitos países.

Para resumir o que aconteceu com a docência enquanto profissão, é preciso entender que mudou o modelo de professor da escola tradicional. Diluiu-se a figura do professor, como conseqüência da difusão da nova pedagogia. Na educação tradicional, os professores funcionavam como modelos para os estudantes. De fato, às vezes os professores eram os primeiros adultos com formação que os alunos conheciam, e pertenciam ao grupo dos intelectuais porque ensinavam matérias, habilidades lingüísticas e bons costumes de estudo. O Estado garantia as qualificações do professor, e os estudantes podiam esperar de um professor que apresentasse dados corretos e que defendesse o mundo do conhecimento. A sociedade em geral respeitava os professores porque ajudavam os estudantes a dominar conhecimentos e habilidades importantes.

Quanto à responsabilidade do professor em relação aos conteúdos que devia ensinar, a escola tradicional costumava concentrar a atenção nas habilidades lingüísticas e na socialização. No primário, punha-se todo o peso em aprender a escutar, ler e escrever, e na boa conduta. Primeiro, os conhecimentos estavam conectados ao local e ao presente, a um "aqui e agora"; depois, dava-se aos estudantes textos mais longos, através dos quais eram transportados para um "ali e depois", uma perspectiva que também se ensinava em matérias como a geografia e a história. Nas ciências naturais, os estudantes aprendiam dados básicos. Em muitos países os estudantes eram admitidos no ensino secundário só depois de terem conseguido um certificado escolar do primário. No nível do ensino médio, os estudantes aprendiam a discutir textos desde diferentes pontos de vista, a prestar atenção às nuances e a tirar conclusões. Ao fim do ensino médio, os estudantes deveriam ter desenvolvido conhecimentos gerais amplos, instrumentos para pensar em diferentes áreas e hábitos lingüísticos eficazes para adequar sua linguagem a diferentes situações.

Na educação tradicional, esperava-se e se continua esperando que o professor seja uma pessoa profissional, que combine um conhecimento teórico com diferentes habilidades adquiridas pela prática. Como em outras profissões, há um elemento de criatividade na docência. O que um professor faz durante uma aula pode ser planejado de antemão, mas só até certo ponto. Necessariamente há improviso no mesmo sentido de quando se fala da improvisação na música *jazz*. Um músico hábil pode improvisar, o que não significa criar do nada, mas utilizar os conhecimentos anteriores de uma nova maneira, pelo menos em parte, e adaptá-los às circunstâncias. Na sala de aula, constantemente os professores têm de enfrentar novas situações, e é justo falar de criatividade ou de improvisação, porque a situação em que um professor se encontra muda rapidamente, e é sempre, em parte, imprevisível.

Para dizer em poucas palavras, intelectualmente os professores devem dispor de conhecimentos sólidos de sua matéria, que vão sendo incrementados a cada ano que passa, pois acumulam bons exemplos e material interessante, põem-se em dia, aprendem a estruturar sua explanações de maneira mais eficaz, aprendem a incorporar uma revisão de tudo o que os alunos já aprenderam e a preparar os próximos aprendizados. É o conhecimento profundo da matéria o que permite ao professor dividir sua atenção entre a matéria que explica e a situação específica de seus estudantes. Psicologicamente, um professor ideal é cheio de vitalidade e não é egocêntrico. Fisicamente, um professor necessita estar em plena forma, porque a profissão exige muito: é preciso prestar atenção tanto nos conteúdos como em trinta jovens cheios de energia. Em seu exercício profissional, os professores utilizam tanto seu corpo como sua personalidade. Eticamente, desde uma perspectiva humanística, os anos escolares de um jovem devem ser dedicados a atividades importantes para sua formação. Os professores são responsáveis por organizar e conduzir essa experiência. O ideal é que os professores creiam na importância da beleza, da verdade e da bondade, porque os jovens realmente necessitam viver cercados por esses valores, e os bons professores os transmitem de maneira integrada com a matéria que ensinam.

O objetivo deste artigo sobre a profissão docente é indicar aos pais que quase sempre é melhor deixar os professores trabalharem na escola e ajudar o filho em casa. Também é bom aceitar que a escola trabalha com datas fixas para as provas escritas e para a entrega dos trabalhos individuais. Essas datas dão um ritmo ao ano escolar e são metas que ajudam a organizar o trabalho tanto dos professores como dos alunos. De nenhuma maneira é uma vantagem para o aluno obter a permissão de adiar uma prova ou mudar outro requisito. Aprender a respeitar as datas faz parte do aprendizado escolar, exatamente como aprender a seguir o número de linhas de um trabalho escrito e o número de minutos de uma apresentação oral. Do mesmo modo deve-se respeitar o calendário escolar e não tentar tirar o filho, por exemplo, para uma viagem desnecessária.

As matérias ou disciplinas

Os pais nem sempre entendem que cada matéria é um mundo, no sentido de ser uma maneira particular de entender, falar e pensar. Cada disciplina tem sua história, sua terminologia e suas áreas centrais, e o aprendizado consiste em assimilar os conceitos principais relativos a esse âmbito e a conectá-los. Com cada nova matéria, os alunos aprendem um novo aspecto da realidade. Não obstante, as matérias estudadas na escola foram desenvolvidas e configuradas ao longo de muito tempo, e não são fortuitas. O ensino tradicional treina os alunos nas disciplinas por meio de exemplos teóricos típicos e de práticas controladas. Esse treinamento é baseado nos conhecimentos do professor, que sabe qual é o melhor caminho para a compreensão. Com a ajuda do professor, os alunos aprendem em que consiste um problema da área que estão estudando e que procedimentos existem para identificar e resolver os problemas.

Nesse processo, o professor funciona como um guia que introduz os estudantes num território até então desconhecido para eles. Estudando com um professor, o aluno está seguro de que vai aprender dados corretos e adquirir uma formação de base. Se depois quiser continuar explorando a matéria, disporá de bases suficientes para avaliar os novos dados. O professor transmite conhecimentos e garante que os estudantes aprendam segundo uma forma de trabalho aceitável para a comunidade científica.

Aprender a usar a linguagem de uma disciplina concreta é aprender a viver e compreender o que ocorre nessa parcela da realidade. É aprender a formular e analisar um problema de uma maneira específica, utilizando o aparato conceitual próprio da disciplina. Em outras palavras, numa ciência é impossível aprender um dado isolado. Para dar um exemplo simples, em gramática é impossível entender o que é um adjetivo sem saber também o que são os substantivos, os verbos e os advérbios. Um termo pertence a certo campo, e é delimitado e entendido ao lado de outros termos. Conhecer algo inclui saber relacionar o dado com outros e colocá-lo em seu correto lugar dentro de um conjunto mais complexo.

Cada campo científico leva um tempo mais ou menos longo constituindo-se, e a terminologia elaborada consiste em etapas históricas das quais algumas só têm valor de pré-história. Alguns termos não são utilizados de maneira geral, ao passo que outros só são utilizados dentro de certa escola intelectual ou em certo país. Algumas partes do campo científico são núcleos aceitos por todos, enquanto outras podem estar em discussão, ou são aspectos que se acabou de descobrir e não se sabe se vão integrar a disciplina em questão. O professor é quem conhece tudo isso e pode guiar o aluno àquilo que ele deve aprender em primeiro lugar.

Os novos métodos pedagógicos, contudo, invertem essa perspectiva, insistindo que os alunos devem buscar a informação. O enfoque construtivista poucas vezes é aplicado à risca, mas ele desestabiliza o ensino e muitas vezes coloca os alunos diante de problemas que eles não podem resolver. É possível que um aluno muito avançado encontre algum princípio de um campo científico, mas parece arriscado apostar que o aluno médio encontre, sem ajuda, o núcleo de uma disciplina. É óbvio que quando se convida os alunos a reconstruir as teorias das disciplinas que estudam corre-se o perigo de que os resultados obtidos não reflitam o consenso histórico da comunidade científica e, portanto, o professor não estaria em condições de garantir que os estudantes aprendam conhecimentos aceitos por essa comunidade científica. Em várias ocasiões, os alunos farão suas as primeiras idéias com as quais se depararem, e assim estamos nos afastando o ideal científico, mas, segundo o construtivismo, o que os alunos considerarem como correto será o correto, ao menos para eles. Um não-construtivista diria que os alunos ainda não dominam a linguagem da teoria, não se familiarizaram com os conceitos, não fizeram práticas de campo e, logo, é quase impossível que compreendam em que consiste o problema ou qual é sua natureza. No construtivismo pede-se ao aluno que reconstrua o desenvolvimento do campo científico e, como se não bastasse, supõe-se que saiba fazer isso com todas as matérias.

Hoje em dia entrega-se aos alunos tanto o planejamento quanto a avaliação de uma matéria. Como não conhecem o campo científico, não avaliam seu trabalho segundo sua aceitabilidade científica. O trabalho em grupo também não é garantia do espírito crítico, porque nada é mais fácil do que cair num dogmatismo de grupo, baseado, por sua vez, no capricho do membro mais forte. O espírito crítico não serve para nada se faltam os instrumentos intelectuais que levem a crítica a um porto seguro.

A introdução do construtivismo no ensino teve como resultado um retrocesso cultural e científico. É incompreensível que a Europa ocidental, lugar de nascimento da ciência moderna e de um notável progresso técnico, tenha decidido entregar-se a uma política educacional de cariz pré-científico. Os pais que querem que seus filhos obtenham uma educação que mereça este nome vão ter de ser professores no tempo livre para compensar o fato de que a escola já não ensina como antes. As autoridades políticas terem introduzido a nova pedagogia na escola pública fez crescer, em muitos países, uma demanda por escolas conveniadas e privadas. Também se vê o aumento da demanda por professores particulares e tutores, e apareceram empresas que oferecem apoio em diferentes matérias e níveis. Os que mais perdem são os alunos das famílias sem tradição de estudo, que mal entendem o que perderam.

Talvez não surpreenda que as matérias mais maltratadas pela nova pedagogia sejam a história, a literatura e a língua, porque são matérias que prestam atenção nas pessoas, revelando que os seres humanos podemos escolher determinadas condutas e rechaçar outras. A literatura é mais aceita que a história porque hoje admira-se mais o estético que o ético, mas evitam-se os textos clássicos associados à excelência e ao passado. A história foi reduzida porque a nova pedagogia olha para o futuro, e não para o passado; quer mudar o que temos em vez de recordar o que se considera superado. Insiste em dizer que os textos históricos foram influenciados pelas idéias subjetivas dos diferentes historiadores. Ademais, a história está associada à ação de grandes homens e mulheres, algo que parece não ser atrativo a esses pedagogos. Reduzir as horas de história tornou-se uma maneira de orientar os alunos para o contemporâneo. Em outras palavras, apesar de os jovens terem acesso a tanta informação, pode ser que estejam profundamente desinformados devido à diminuição do tempo dedicado na escola à história e à literatura.

Para entender as mudanças ocorridas na educação, é útil analisar precisamente a matéria de história. Afinal, quase todos os governos ocidentais diminuíram o número de horas de história, provavelmente por lhes parecer que a história não é uma matéria de utilidade econômica. Ao estudar os livros didáticos de história, parece claro que só os países mais desenvolvidos conseguem certa objetividade quando falam de seu próprio passado e do passado de outros países. Poderíamos dizer que a politização da história é um sinal do subdesenvolvimento intelectual de um país. Alguns tergiversaram a história diretamente, e observam-se duas tendências opostas: uma tende a inflar o local e a reivindicar para a própria região uma consideração e um *status* especiais, ao passo que a outra idéia, oposta, é a tendência multicultural, que afirma que qualquer cultura vale o mesmo que a outra, e que não há motivo para estudar a própria cultura especificamente, o que significaria, supostamente, avaliar o *outro*. Um europeu estudar a história européia seria eurocêntrico. Nesse caso, poder-se-ia falar de uma atitude *xenófila*, de amor pelo alheio, combinada com uma atitude *endofóbica*, expressando uma negação do que é próprio. O multiculturalismo poderia reforçar a tendência de certos alunos imigrantes a pensar que, quando refletem com a mente aberta sobre a cultura de seu próprio país de origem, estão traindo sua família. Assim, a influência dos multiculturalistas pode debilitar os países de acolhida e dificultar a integração dos novos cidadãos.

Desde a queda do muro de Berlim, os neomarxistas já não apresentam seu pensamento como sendo marxismo, mas como pensamento crítico, ou como protesto contra o pensamento único. Dizem estar se colocando contra certos fenômenos, mas se abstêm de formular sua própria proposta. Nos departamentos universitários de ciências sociais, assim como nos meios de comunicação — e, certamente, nas escolas —, constata-se a influência de intelectuais críticos, no sentido de negativos, contra a própria sociedade. Não valorizam a liberdade e a democracia acima de outros sistemas de organização política, com a suposta idéia de serem "objetivos". Não discutem por que praticamente ninguém se refugia em Cuba, na Coréia do Norte ou no Zimbábue. Se os professores não admitem que haja diferenças, como é que os alunos vão entender as diferenças reais, verdadeiras, entre os sistemas políticos? Paradoxalmente, os grupos críticos de sua própria sociedade ocidental se apresentam como os campeões dos direitos humanos, elaborados precisamente pelas sociedades ocidentais. Dentro dos países desenvolvidos, os grupos em questão costumam se apresentar como os defensores do imigrante do Terceiro Mundo. Vêem na falta de desenvolvimento econômico e intelectual uma garantia da inocência, da bondade e da boa vontade. Para qualificar essa atitude com benevolência, trata-se de uma atitude anti-intelectual.

Os novos pedagogos mal mencionam o aprendizado cultural. Considera-se um exemplo de espírito crítico não admirar nada nem ninguém, e, em particular, curiosamente, ninguém ligado à própria cultura. Talvez haja uma relação entre o desprezo pelos grandes nomes e o desprezo geral pela excelência. Popular mesmo é estudar história de grupos como os operários, as mulheres ou as minorias. Tudo que é minoritário é bom, e o maioritário está sob suspeita. É claro que falar de maioria e minoria é equivocado, uma vez que as mulheres são maioria, na verdade, e as minorias imigrantes talvez pertençam à maioria em seu país de origem.

Na educação, em vez de estudar história, os alunos são convidados a viver no presente e a olhar para o futuro. No campo cultural, já não se fala de embeber-se de arte, literatura e música, mas nota-se uma indiferença pelos grandes nomes do passado. Nos jornais, nota-se pouca reflexão sobre os livros não publicados recentemente. Na verdade, a cultura atual às vezes parece uma mescla de arte, diversão e desejo de fazer escândalo para atrair a atenção.

Há meio século, o conteúdo dos cursos de ensino médio europeus era muito similar de um país para o outro. Estudava-se a língua e a literatura do país em questão, e uma ou duas línguas estrangeiras. Em história, estudava-se a história política do país e da Europa, e se aprendia algo da história dos outros continentes. Aprendia-se de maneira elementar a história da filosofia e da religião cristã, com alguma incursão em outras religiões. O latim e a Antigüidade funcionavam como uma base geral de comparação. Os conteúdos das matérias como matemática, física, química e biologia não eram muito diferentes de um país para outro. Contudo, o ensino médio atual ensina menos conteúdo, já que é menos sistemático e mais pontual.

Quando o latim desapareceu perdeu-se um elemento de coesão na Europa. O latim serve de exemplo dos valores que se pode perder quando se prioriza uma combinação de igualitarismo e utilitarismo. O latim era uma disciplina em todos os sentidos da palavra, impenetrável para aquele que não se esforça. Os políticos decidiram que ninguém o estudaria, já que nem todos eram capazes, e, ademais, era considerado inútil. O que se perdeu com o latim foi a noção, absolutamente clara, de que em outras épocas se vivia de outra maneira. Ademais, perdeu-se a idéia do que é um texto, porque o latim é apenas texto. Perdeu-se o respeito pela exatidão, porque um pequeno erro de tradução do latim impossibilita a compreensão. O latim também ensinou a muitas gerações o uso dos dicionários e dos manuais de gramática, porque é impossível entender um texto em latim sem utilizá-los. Finalmente, ensinou certa humildade no trabalho intelectual, porque é fácil equivocar-se. Estudando latim, o aluno chegava a conhecer quais eram os limites de sua capacidade. O aluno, lutando com textos famosos, melhorava passo a passo sua capacidade de juízo, ia formando seu gosto e se afastava cada vez mais do trivial e do histriônico. Isso ocorreu num ambiente criado pela combinação de vários fatores-chave, como a centralidade do professor, o valor dos textos, a importância dos outros alunos e do esforço individual. Como a dificuldade do latim não admite auto-engano, o aluno chegava a aceitar que o outro aluno ia melhor porque sabia mais, e assim aprendia a avaliar-se a si mesmo de maneira realista. Estudar latim era um todo: um conteúdo, um método e um apreço pela história e pela literatura, e talvez também pela beleza. O latim foi substituído pelas línguas modernas, e pretendia-se, supostamente, estudar a identidade européia através da literatura escrita nessas línguas. Entretanto, depois de um tempo, considerou-se que também esta literatura era demasiado elitista. E assim chegamos à situação de hoje, na qual os alunos estudam as línguas não através de sua melhor literatura, mas através de diálogos tomados da vida cotidiana, com o argumento de que isso é imediatamente útil.

Quanto às matérias práticas e estéticas, nem tudo é o que parece. Uma razão para dar ênfase a essas matérias era que elas permitem que os alunos brilhem em pelo menos alguma delas. Contudo, para chegar a certo nível de destreza na matéria que for, é preciso dedicar muitas horas ao treinamento; ou seja, essas matérias não são mais "democráticas" que as matérias teóricas. Nas áreas práticas também há tradições, aprende-se por imitação dos bons modelos, e é essencial o papel do professor ou do instrutor. É preciso escutar, praticar e perseverar. A criatividade só é possível depois de se ter aprendido a técnica. As matérias práticas exigem uma concentração na tarefa exatamente como o francês e a química. Como os objetos de madeira e de tecido que os alunos podem produzir são acessíveis na indústria, e como a música é mais perfeita num DVD do que quando um adolescente a toca, um jovem tem de se esforçar para atingir certo nível de habilidade.

Em vez de falar tanto do acesso à universidade, seria mais adequado melhorar o nível do ensino médio. Efetivamente, uma das reformas mais urgentes que se deveria empreender nos sistemas educacionais seria o reforço da formação na etapa secundária e no ensino médio. Agora, as universidades criaram níveis "zero" para pôr em dia os alunos que, na realidade, não estão preparados para estudar na universidade. Os novos pedagogos utilizam o termo "aprendizados *formais*" para se referir ao que se aprende de maneira sistemática no colégio, com o que parecem querer dizer que se trata de um aprendizado inútil e justificado apenas pela tradição. Obviamente, os conhecimentos não são considerados por esses pedagogos como instrumentos fundamentais.

As metas e os métodos de aprendizagem

Na nova pedagogia há uma forte ênfase nos métodos, ao passo que há menos interesse pelos conteúdos. A idéia que subjaz é que seria mais útil aprender métodos que conteúdos, porque aqueles poderiam ser aplicados em outros campos, enquanto o conteúdo de uma matéria não valeria senão para a matéria em questão. Contudo, priorizar os métodos é adotar uma visão instrumental da educação, separando o conteúdo do trabalho com esse conteúdo. Desde esta perspectiva, o aprendizado já não é entendido como saber distinguir o que é significativo do que é menos importante, como saber inserir o que é novo no que já foi aprendido, ou saber expressar o aprendido oralmente e por escrito de maneira rápida e flexível, porque tudo isso só se pode fazer em conexão com os conteúdos.

Aprendizagem e leitura

O método fundamental de aprendizagem escolar continua sendo a leitura e, por isso, a educação tradicional evita que o aluno ingresse no ensino secundário se não lê de maneira fluida e não sabe extrair a mensagem de um texto. Para entender o que um texto diz é preciso ter vocabulário, ter lido muito, conhecer muitos temas e ter interesse por entender o que o texto diz. Podemos pensar num adulto que tem diante de si um texto sobre física quântica. A maioria dos adultos não entendemos um texto dessas características, porque não temos uma preparação na matéria, não conhecemos a terminologia e não podemos extrair a mensagem nem mesmo avaliar sua importância, mas agora sucede o mesmo nas áreas que costumávamos considerar de cultura geral, porque os alunos já não estudam o que antes se costumava. Agora estamos na situação absurda em que se necessita de programas de reforço para a leitura no ensino médio e na universidade. Perante essa situação, os pedagogos propõem que sejam oferecidos cursos de estratégias de leitura, o que manifesta uma visão mecanicista da educação.

Para entender como funciona a leitura podemos considerar um exemplo tirado de uma pesquisa norte-americana. Foi dado a vários grupos de adolescentes um texto curto, em que figuravam os nomes dos generais Lee e Grant, e se mencionava a palavra "negociação". O que esses diferentes grupos entenderam? O grupo mais fraco concluiu que o texto tinha a ver com "uns militares". O único conhecimento prévio desses jovens era que um general é um militar. Outro grupo disse que Lee e Grant eram os generais que comandavam as tropas do Sul e do Norte, respectivamente, na Guerra de Secessão norte-americana. Como o texto mencionava a palavra negociação, os alunos supuseram que poderia se tratar de um episódio próximo ao fim da guerra, em 1865. As últimas batalhas dessa guerra se desenrolaram no sudeste dos Estados Unidos, próximo do estado da Virgínia. Por isso, os alunos concluíram que o episódio pudesse ter ocorrido por volta de 1865 e possivelmente próximo da Virgínia.

No exemplo citado, pode-se constatar que os alunos avançados entenderam algo que não está no texto de maneira explícita, ou seja, não apenas leram com os olhos, mas utilizaram todos os seus conhecimentos acumulados de história e geografia. O exemplo mostra que não é correta a idéia de que seja suficiente aprender estratégias em vez de conhecimentos. Não existem estratégias que possam guiar o grupo menos avançado a entender que se trata de algo que realmente ocorreu, quando e onde. Poderiam ter usado uma enciclopédia ou a *internet*? Talvez, mas isso supõe que tenham entendido que se trata de um fato histórico real, retratado nas enciclopédias. Ademais, se buscarem os sobrenomes Lee e Grant aparecerão muitíssimas referências, porque são sobrenomes comuns. Terão de introduzir na *internet* os dois sobrenomes juntos, Lee e Grant, porque nos livros de história esses nomes ilustres figuram como um par de adversários, mas isso é precisamente o que os alunos com menos conhecimentos não sabem.

Os alunos aos quais não apetece estudar constituem o grande dilema das pedagogias políticas, que insistem que a educação foi um privilégio reservado a quem tinha dinheiro. Abriu-se o acesso à educação mediante a gratuidade do ensino e das bolsas de estudo, facilitando o acesso gratuito aos livros, tudo isso com o fim de que todos os alunos tivessem os mesmos resultados. Entretanto, é preciso considerar que os bons alunos não só têm mais conhecimentos como também outras qualidades pessoais, como a perseverança, a laboriosidade e a capacidade de se dar bem com seu entorno, que são características aprendidas e manifestadas ao mesmo tempo que a aquisição de conhecimentos. Há pesquisas que afirmam que, já aos dez anos, e mesmo antes, é possível ver quais alunos terão um bom desempenho durante o resto da educação e, mais tarde, no mercado de trabalho. É de autonomia que precisam os alunos mais fracos? Não seria melhor ensinar a eles bons costumes e automatizar as condutas positivas?

Já é habitual escutar que os alunos devem aprender *competências* em vez de estudar matérias. É difícil entender como se realizaria essa idéia, porque só se é competente em relação a uma tarefa. O mesmo ocorre para um conceito como o de talento. Seria absurdo dizer que alguém tem talento para o violino mas não aprendeu a tocar violino. O talento se manifesta junto com o estudo de uma área. Por isso, dizer que certos alunos são criativos dentro de uma área apesar de mal a terem aprendido não tem muito sentido. Há pessoas inteligentes que poderiam ter ido longe em sua área, mas não se destacaram porque não tiveram interesse e não quiseram se sacrificar. Faltou a elas autodisciplina e vontade.

Os que apóiam a chamada "escola compreensiva" em geral pensam que os bons alunos vão ajudar o resultado dos demais alunos a melhorar sem que estes façam um esforço, e, para não tirar os alunos avançados da turma, às vezes propõem a eles estudos complementares. Contudo, os alunos avançados precisam trabalhar com um material que suponha um desafio e que os permita avançar. Quando havia institutos de ensino médio elementar, não era comum ver este problema. É um sério problema os alunos mais inteligentes se entediarem no colégio. Os jovens inteligentes e aplicados também necessitam de um entorno estimulante, o que se admite na discussão sobre ambientes criativos, como o Vale do Silício, mas não em educação.

O construtivismo é a moda de hoje, mas há outros modelos de aprendizado diferentes. Por exemplo, no sistema chamado *mastery learning* ninguém perde tempo perguntando se existe ou não o conhecimento, pois se aprende. A partir de uma imagem muito precisa do que os alunos devem aprender para dominar certos conhecimentos, prepara-se um plano cuidadoso com um pré-teste e um pós-teste, e explicam-se os passos que o aluno deve realizar. Deve trabalhar muito, e não parar antes de conhecer a fundo o que é ensinado. A meta é que todos consigam dominar os conhecimentos numa data fixada de antemão. A tarefa do professor é estabelecer metas, administrar os testes, preparar materiais e animar os alunos a estudar. A psicologia é utilizada para animar o aluno a trabalhar. Se o método soa um pouco mecânico, se soa como trabalho a toque de caixa e não como uma aventura intelectual, é porque esse tipo de enfoque, em sua forma mais radical, é aparentada com o condutismo, também chamado de *behaviorismo*, associado a B. F. Skinner, um psicólogo norte-americano que estava na moda pelos anos 40 e 50. Seu nome está associado à idéia da aprendizagem como um treinamento, um pouco como quando se amestra os cachorros com signos claros e um reforço positivo ou negativo dependendo de se o seu comportamento foi o desejado ou não. Nos anos 50, produziram manuais com o material que o aluno deveria aprender dividido em pequenas partes, aprendidas uma após a outra com freqüentes testes de autoavaliação. Contudo, o método perdeu popularidade porque era chato, e porque a figura das páginas fazia com que todas as matérias parecessem muito similares.

Posteriormente, surgiu um renovado interesse por esse método quando se generalizaram os novos meios tecnológicos, primeiro os laboratórios de linguagem e depois os computadores, porque esse método combinava bem o uso das tecnologias. Ademais, como que por magia, o método e as máquinas, por sua vez, podiam se combinar com outras idéias que estavam circulando no ambiente. Uma dessas idéias era que o aluno deveria trabalhar de maneira autônoma com o material, e outra era que esse sistema permitiria economizar dinheiro, uma vez que não eram necessários tantos professores, pois monitores e auxiliares técnicos seriam suficientes para manter a oficina informática funcionando. Mais tarde, o entusiasmo dos políticos e dos administradores transferiu-se para o ensino à distância, porque assim os alunos nem sequer precisariam ir ao colégio. Esse enfoque tecnológico seduziu os administradores e os políticos do mundo inteiro, e às vezes também os professores, mas bem menos a estes, talvez porque represente uma idéia simplista do que é o aprendizado. Um meio tecnológico não poupa do aluno o esforço de compreensão e, como ajuda à compreensão, o professor supera o computador. Os meios eletrônicos servem para automatizar certos conhecimentos, mas, com ou sem computador, é preciso primeiro entender os fenômenos em questão.

A tecnologia costuma encantar os alunos, mas por um tempo breve. O computador os atrai, mas eles se dão conta muito rapidamente de que o trabalho que o aprendizado implica é o mesmo de sempre, só que é mais solitário trabalhar com um computador do que da maneira tradicional em sala de aula. Além disso, aparecem problemas técnicos. Os vendedores de programas falam sem parar sobre a liberdade do aluno para trabalhar quando e como quiser; entretanto, uma parte da atenção do aluno se desvia do aprendizado para a tecnologia, porque deve entender como o programa funciona. No mais, parece evidente que um programa informático seja menos eficaz que um professor na hora de dar um apoio psicológico ao aluno. Os alunos podem repetir o programa várias vezes até conhecerem bem aquilo que ensina, mas a questão é se o fazem. Este é o grande problema da educação através da tecnologia e, por extensão, da educação à distância. Não é só uma questão de ser capaz de aprender, mas de querer aprender, e é aqui que o ambiente humano criado pelo professor e pela turma é superior ao computador. No típico curso à distância, se se matriculam quarenta alunos, dez desaparecem durante as primeiras semanas. Depois de dois meses, os alunos são vinte e, ao final, dez. Se não há um entorno humano que sirva de estímulo ao aluno, é difícil que o estudante mantenha o interesse.

Os teóricos da educação igualitarista vêem com interesse as tecnologias da comunicação, porque elas oferecem a possibilidade de os alunos trabalharem do mesmo modo e, por isso, supõe-se que todos vão aprender o mesmo e ao mesmo tempo. Contudo, não há provas de que os alunos aprendam igualmente bem nem que o uso do tempo seja melhor. Em particular, nem todos os alunos têm a autodisciplina suficiente para aproveitar cada segundo. Se os compararmos com a melhor educação tradicional, é provável que os programas eletrônicos fiquem atrás, mesmo que alguns possam superar um professor medíocre.

A EDUCAÇÃO DE UM JOVEM É UMA COLABORAÇÃO

O mundo da educação investiu grandes quantias em tecnologia, mas é preciso fazer uma advertência contra essa avaliação simplista da tecnologia na educação, que às vezes é feita sem levar em consideração os resultados dos estudantes. O programa em si pode ter uma excelente qualidade intelectual e técnica, mas isso não garante que o aprendizado seja igualmente bom. Um programa pode ter imagens estupendas e informação valiosa, mas o essencial é o que os alunos cheguem a saber utilizando esses instrumentos. A Unesco iniciou na África, há alguns anos, um enorme projeto para ensinar a ler por satélite, mas muito poucos aprenderam a ler. A tecnologia pode ser uma ajuda, mas funciona melhor em conjunção com um professor. O mesmo ocorre com a série sobre o imperador romano Cláudio produzida pela BBC, e outra sobre Leonardo da Vinci, produzida pela RAI, transformadas em programas didáticos. As duas séries se baseiam numa pesquisa prévia impressionante e num alto investimento para recriar os ambientes e o vestuário das respectivas épocas. Mas um bom material não garante que o que é visto se converta em conhecimentos. Um bom professor identifica e ensina os conhecimentos prévios indispensáveis, assinala as semelhanças e as diferenças com outros fenômenos similares, e mais tarde revisa o que foi aprendido. Pela intervenção do professor, os alunos sabem que entenderam o essencial. Ademais, os bons professores funcionam como modelos de como age e pensa um intelectual.

Para alguns, a tecnologia ofereceria também uma solução para o problema da autoridade, porque, se o aluno trabalha com um computador, parece que o problema nem sequer se coloca. Dá uma impressão — só uma impressão — de que o aluno está construindo sozinho os seus conhecimentos. Desde maio de 1968, os movimentos de inspiração anarquista não deixam de repetir que é preciso libertar não só os países do Terceiro Mundo, os operários e as mulheres, mas também os jovens da tutela dos pais e dos professores. Esses "anarquistas" não costumam ter muita simpatia pela tecnologia, mas, neste caso, fizeram uma aliança com grupos que querem promover a modernidade através da tecnologia ou simplesmente vender equipamento tecnológico.

A contracultura dos anos 60 se impôs de tal maneira que pôs de lado a "outra" cultura, ou simplesmente *a* cultura, agora considerada elitista. A contracultura nega qualquer autoridade, nega a sociedade e nega a realidade, reivindicando outra realidade: "outro mundo possível". Não propõe nenhum programa realista, pois é um movimento de protesto. Mesmo assim esse movimento transformou a sociedade ocidental de cima a baixo. Associada há algumas décadas às drogas, ao *flower power* e à vida no campo cultivando verduras e fazendo artesanato, em nossos dias a contracultura está associada à ruptura da família e à importância que adquiriu a sexualidade na cultura dos jovens.

Na educação, um dos ídolos de 1968 era o marxista italiano Antonio Gramsci, que ensinou que o dever do revolucionário era ocupar os espaços culturais da sociedade para preparar desde dentro a revolução, arrebatando a *hegemonia* cultural dos burgueses. Assim, a educação, os meios de comunicação, o teatro e as bibliotecas liderariam o desenrolar da mudança radical da sociedade. Outro ídolo era o pedagogo brasileiro Paulo Freire, que dizia que aprender a ler deveria servir à revolução, e que o professor deveria trabalhar com textos políticos. Essas perspectivas representam uma novidade na história da educação, uma vez que a visão tradicional do professor era de alguém que estava a serviço desinteressado do indivíduo e da sociedade, e não como alguém que aproveitava sua profissão para fazer avançar sua própria agenda política.

Essas idéias típicas de maio de 1968 contrastam claramente com as muitas iniciativas britânicas e norte-americanas dirigidas a promover a educação nos bairros problemáticos, porque estas se baseiam exatamente no contrário: um currículo muito estruturado e avaliações freqüentes dos conhecimentos. Nessas iniciativas anglo-saxãs explica--se com exatidão o que os estudantes devem aprender, insiste-se que o respeito pelo conhecimento deve ser visível também na conduta e na vestimenta, ensina-se o que é a ordem e a autodisciplina a alunos que, em geral, têm uma vida familiar disfuncional. Os conhecimentos e habilidades permitirão, mais tarde, que eles se guiem a si mesmos, quando deixarem o colégio.

Os países do Leste Asiático, que atualmente têm excelentes resultados escolares, trabalham em parte com uma estrutura curricular similar à que subjaz nos programas de aprendizado sistêmico, apoiando-se ao mesmo tempo na coesão grupal e na disciplina de trabalho. Os professores devem se ater a um programa preciso, e os alunos sabem que estão no colégio para aprender certos temas sob a supervisão dos professores. Se não aprendem, seus colegas, seus professores e seus pais dizem que não se esforçaram como deveriam. Deve-se frisar que os alunos asiáticos adquirem e automatizam os conhecimentos sem ter necessariamente acesso a um computador.

Como entender essa diferença entre os países ocidentais e os asiáticos? É útil recordar que, antes da contracultura e da nova pedagogia, há meio século, o aprendizado no Ocidente também era feito através de um currículo fixo, exames, autodisciplina e deveres. O que aconteceu depois foi a chegada da sociedade do bem-estar, certa idéia de igualitarismo na educação e a negação da autoridade. A educação deveria ser dada a todos como um bem social e, sendo uma dádiva da parte de uma sociedade benévola, não se queria exigir demais do aluno. Além disso, com o bem-estar, os cidadãos e também as crianças exigem comodidade e respeito por sua individualidade. Nessa situação, as sociedades ocidentais decidiram criar a ficção de que, aprendendo em seu próprio ritmo e conforme seus interesses, todos os alunos terminariam iguais. Em vez de avaliar se todos sabem o que está determinado no plano de estudos, os novos pedagogos resistem a aplicar provas. Preferem pensar que estar no colégio já constitui um aprendizado, *aprendendo a aprender*. Ademais, ainda que não saibam exatamente o mesmo que as gerações anteriores, isso se justifica afirmando que sabem *outras coisas*. Os países asiáticos, decididos a suplantar os países ocidentais, mantiveram a pedagogia tradicional e agora são os primeiros nas comparações internacionais.

O trabalho por projetos ou em grupo soa muito atraente. O professor é um *facilitador* e os alunos são *autônomos* e trabalham utilizando as novas pedagogias. Mas as coisas não são exatamente o que parecem. São métodos que funcionam na universidade, com alunos motivados e capazes, mas não dão tão bons resultados quando se trata de outros tipos de alunos. Vamos dar um exemplo. Suponhamos que um grupo de adolescentes está estudando o Iluminismo. O professor poderia apresentar seis temas diferentes para serem trabalhados pelos grupos, por exemplo: 1. As idéias do Iluminismo; 2. A Revolução Francesa; 3. A Revolução Americana; 4. Napoleão; 5. A situação espanhola da época; 6. A Revolução Industrial. A diretriz típica seria que cada grupo entregasse um texto de cinco a dez páginas algumas semanas mais tarde, e também que apresentasse o resultado oralmente diante de toda a classe. Cada grupo decide como trabalhar. É freqüente que o grupo divida a tarefa de maneira que cada membro realize uma parte da mesma. A busca de informação ocupa grande parte do tempo estabelecido.

Quando se apresenta o resultado, todos os demais alunos devem ter lido e aprendido o que foi escrito pelos outros. Em realidade, não costumam tê-lo feito, porque os trabalhos dos outros alunos não lhes parecem tão sérios e confiáveis como um livro didático. São textos escritos por "autores" que não conhecem bem o tema, numa linguagem pobre e com dados não comprovados por uma autoridade. Existe o risco de que as informações escritas sejam incoerentes, já que é difícil para os não-especialistas entender como estão conectados os diferentes elementos. Ademais, os textos consistem em idéias encontradas por diferentes alunos em diferentes fontes, e os alunos não costumam ser capazes de discutir as fontes das quais tiraram suas informações. Se, além disso, para ser ecológica e economizar papel e gastos, a escola não imprime os trabalhos, é menos provável ainda que se leia o que os colegas escreveram. As apresentações orais dos colegas raramente são melhores que as do professor.

Neste exemplo, em vez de estudar os seis temas mencionados, é provável que o aluno se dedique sobretudo ao próprio e, conseqüentemente, que se reduza o volume do que é aprendido. Apesar disso, esse método de trabalho é freqüente, apresentado como uma novidade e mesmo como a maneira futura de trabalhar. A razão da implantação tão extensa do trabalho por projetos é que a nova pedagogia concede mais valor ao método que ao conteúdo, ou seja, mais ao trabalho em grupo e ao uso da *internet* que aos conhecimentos. Os novos pedagogos afirmam que esse método é "ativo", e consideram "passivo" o aprendizado veiculado por um professor que explica o conteúdo e avalia se o aluno aprendeu a matéria.

Numa turma de alunos de treze anos, é freqüente alguns serem capazes de trabalhar como se tivessem dezesseis e outros como se tivessem nove. Fala-se de *individualização*, mas esta palavra é ambígua na escola *compreensiva*. Os defensores da escola compreensiva dizem que o professor deve individualizar o ensino *dentro do contexto da classe*, isto é, o professor deve organizar a classe em atividades diferentes mas simultâneas, o que aumenta enormemente o volume de trabalho do professor antes, durante e depois da aula. Em muitos casos, o professor está sobrecarregado de trabalho e a individualização se reduz a propor aos bons alunos um livro mais difícil ou dez problemas de matemática em vez de cinco. A palavra individualização faz pensar que se vai respeitar o nível particular de cada aluno, mas isso é pouco usual.

O multiculturalismo se apresenta hoje na nova pedagogia como meta e como método, e costuma-se considerá-lo em combinação com o trabalho individual e com o trabalho por projetos. Desde o princípio o multiculturalismo veio reforçar a dúvida sobre o que se deve estudar na escola, e produziu uma fragmentação do ensino, porque o aluno raramente estuda um programa coerente, com conhecimentos estruturados de língua, cultura, geografia, literatura, música e pintura do país em que está estudando, sendo cada vez mais freqüentes as pinceladas ecléticas que se apresentam nos planos de estudo das escolas. Estudam-se bastantes temas, mas nenhum a fundo, e o estudo nem sempre cria uma compreensão estruturada do mundo. Perdeu-se a idéia da educação como desenvolvimento sistemático do pensamento nos jovens, substituindo-a pela busca da informação sobre temas diferentes. Valoriza-se menos a coesão intelectual que a atividade da busca. A origem do multiculturalismo pode ser encontrada no romantismo da primeira metade do século XIX, além de na corrente artística chamada primitivismo (Picasso admirando as esculturas da África negra) que teve seu auge no começo do século XX. Essas idéias estão relacionadas à visão do ser humano como naturalmente bom, inocente, incontaminado pelo industrialismo e pela vida moderna. Com as revoltas de maio de 1968, reapareceu uma certa crítica ao industrialismo e um interesse pelas culturas primitivas, muitas vezes apresentadas nos países ocidentais pelos imigrantes. Ademais, o termo "multiculturalismo" é confuso, porque não se refere à promoção do estudo de muitas culturas, mas à idéia relativista de que outras culturas valem tanto quanto a ocidental, e que, por isso, não é urgente estudar a ocidental.

Para entender quanto mudou a pedagogia por conta da penetração desse tipo de idéias, é suficiente passar os olhos pelos conteúdos que costumavam ter os livros de técnicas de estudo. O que costumava chamar-se de "técnica de estudo" era mais ou menos o seguinte: aconselhava-se o estudante a adquirir conhecimentos prévios, organizar seu trabalho e se esforçar; deveria preparar-se com antecedência, aprender o vocabulário especializado ou os dados que ignorava, e revisar todo o tema abrangido pela prova; afirmava-se que os alunos que conseguiam bons resultados o faziam porque organizavam bem seu tempo, aprendiam durante as férias e sabiam priorizar, dirigir sua atenção e controlar suas emoções e impulsos; considerava-se que os alunos deveriam usar sua memória de maneira eficaz e melhorar passo a passo sua técnica de estudo, aprendendo o que necessitavam saber para avançar, fosse inglês ou matemática. As técnicas de estudo tradicionais os estimulavam a buscar conexões entre as coisas aprendidas em situações diferentes. Dizia-se, pelo contrário, que os alunos de resultado medíocre sempre culpam os outros por seu fracasso: o professor é mau, há muito ruído na sala ou não há livros suficientes. Ora, o contraste entre o que se dizia e o que se diz hoje é evidente. Hoje o usual é culpar o professor pelos maus resultados de um aluno, algo que contribui poderosamente para o mal-estar docente e para a impressão de que é ingrato ser professor e que a sociedade é injusta com eles.

Para concluir

Para terminar este artigo sobre os métodos com alguns conselhos aos pais, poderíamos destacar que influi positivamente no aluno ver seus pais lendo, haver um ambiente intelectual em casa. Os pais podem ajudar o filho a organizar seu tempo e seu espaço, o que é essencial para o trabalho intelectual. O trabalho de preparação para uma prova é igual a qualquer outro trabalho intelectual, uma vez que consiste em aprender, ordenar, relacionar, questionar e revisar. Os alunos com dificuldades nem sequer costumam se preparar para as provas. Como acaba-se de assinalar, o segredo é começar com antecipação, identificar e preencher as próprias lacunas, e revisar o que foi aprendido.

Os alunos com problemas de aprendizagem necessitam melhorar sua linguagem e, em particular, sua linguagem abstrata. Devem aprender palavras, praticá-las, relacioná-las e identificá-las num texto. Trata-se de ler e escrever muito e de fazê-lo todos os dias. Os pais podem ajudar seus filhos diminuindo o tempo que estes dedicam aos prazeres não-

-verbais como os jogos eletrônicos. Os prazeres verbais como a leitura custam mais esforço ao jovem no começo, mas a longo prazo contribuem mais para o seu desenvolvimento intelectual.

Para ajudar um garoto que tem problemas de aprendizagem, não se deve negá-los, nem evitar enfrentá-los, mas mostrar-lhe como vencer os obstáculos. Os especialistas que trabalham com alunos com problemas de aprendizagem afirmam haver alguns procedimentos que costumam ser úteis. Um deles é ensiná-los a calcular o tempo dedicado a uma tarefa. Os alunos não costumam ter uma idéia clara sobre terem passado dez minutos ou meia hora, ou seja, se trabalharam muito ou pouco. Pode-se cronometrar o tempo empregado numa tarefa para que vão aprendendo quanto são, por exemplo, vinte minutos de leitura. Outro treinamento é decidir uma meta e não aceitar que o aluno se desvie daquilo a que se propôs antes de terminar a tarefa. Os estudantes com problemas de aprendizagem costumam ser impulsivos e necessitam aprender o hábito de não se deixar governar por seus caprichos. Outro método útil e aparentemente fácil é pedir ao aluno que avalie a qualidade de seu próprio trabalho depois de terminar a tarefa. Em geral, os alunos não têm paciência para comprovar a qualidade de seu trabalho, e nem mesmo sabem fazê-lo. Algo parecido é acostumá-los a propor a nota que seu trabalho merece. Aprender a qualificar seu próprio trabalho pode ser um passo para uma visão realista de si mesmo e de suas capacidades.

De maneira geral, o aluno com problemas necessita automatizar mais seu trabalho intelectual para poder dirigir sua atenção à coisa nova que vai aprender. O alfabeto e a tabuada são exemplos óbvios do que todos os alunos têm de automatizar, mas, em todas as matérias e em todos os níveis, o que é aprendido deve ser automatizado para que esteja a serviço imediato do estudante. A melhor maneira de recordar o aprendido é dedicar mais tempo à matéria. Isso pode ser feito de muitas maneiras: convertendo o que foi aprendido de forma oral numa forma escrita, convertendo algo escrito a mão num texto digitado, resumir um texto com um esquema, ou até escrevendo exatamente o mesmo outra vez, só que em outro papel. Depois, o aluno deve voltar e revisar o material uma semana mais tarde, e depois um mês mais tarde.

De vez em quando retorna uma certa idéia segundo a qual os alunos com problemas de aprendizagem seriam mais criativos que os outros. Essa idéia tem pouca base. Ao contrário, para se destacar em qualquer área é preciso ter desenvolvido conhecimentos e habilidades nessa área. Obviamente, o jovem necessita de uma forte motivação interior para sacrificar parte de seu tempo livre, durante anos, para treinar de maneira sistemática. Se é assim, por que não deixar que a escola ensine autodisciplina a todos os alunos? Começam-se a ouvir cada vez mais vozes que discordam dos novos pedagogos. Alguns psicólogos definem um ato criativo como a invenção de algo novo, de alta qualidade e apropriado ao contexto. Para fazer algo assim não é preciso apenas saber muito, mas também correr riscos e ser corajoso. Ser criativo não é o mesmo que fazer qualquer coisa.

Se o aluno quer se destacar em música ou no esporte, são importantes não só a família mas também os professores ou treinadores. É essencial encontrar um bom professor, mas é igualmente essencial que o jovem se deixe formar. Há jovens que crêem saber tudo e que não escutam. Com essa atitude, não se pode progredir. É somente depois das fases iniciais, quando o jovem já passou de promissor a competente e está a caminho de se tornar um *expert*, que este pode desenvolver um estilo próprio. Além de adquirir as competências técnicas, necessita saber dar-se bem com as pessoas e ser capaz de superar as decepções.

O aprendizado escolar é um processo longo, e ocorreu a alguns críticos que seria desnecessariamente longo, e que poder-se-ia saltar alguns passos. Contudo, os muitos anos seguidos de escolarização proporcionam uma imersão necessária para garantir a qualidade do aprendizado. A continuidade ano após ano é o que garante o bom manejo da língua, a compreensão de leitura e a habilidade de escrever. Tudo se baseia nas muitas experiências e conhecimentos acumulados pelo aluno durante anos. Ao final, o aluno não sabe em que momento aprendeu tal coisa, mas sabe como deve fazê-la. O corpo se recorda do movimento que é preciso fazer para andar de bicicleta ainda que a pessoa não se recorde em que momento aprendeu. Esse treinamento mental é algo similar ao treinamento físico.

Os novos pedagogos afirmam que o aluno tem de amadurecer para poder aprender, mas uma corrente diferente de psicólogos sustenta, ao contrário, que o aluno amadurece em contato com o aprendizado, e que o conhecimento está conectado com campos específicos. Em outras palavras, que é importante o estudo e que são importantes as matérias, também para o amadurecimento do jovem. Na pedagogia se está começando a diferenciar entre os aprendizados superficiais e os profundos, e o ideal é obviamente um aprendizado profundo. O aprendizado superficial se caracteriza por uns poucos dados com pouca conexão entre si. No aprendizado em profundidade se retêm mais dados, melhor organizados e, particularmente, distingue-se entre as regras e os exemplos. Para aprender de maneira profunda, o aluno precisa aprender conceitos e estruturas, e saber inserir o novo dentro do quadro dos conhecimentos anteriores.

Há um novo interesse pela narrativa como maneira de ensinar e de aprender, em particular para as crianças pequenas e para os alunos não muito intelectuais. A narrativa foi menosprezada pela nova pedagogia, que se centra na importância da busca de informação, considerando este método "ativo". Para tal chegou-se a repudiar o professor que narra os episódios históricos em aula, e considerou-se antiquado aprender com os livros de história que narram os sucessos do passado. Entretanto, agora começa-se a perceber uma mudança, porque evidencia-se que a estrutura da narrativa ajuda o jovem a se recordar dos dados, e que um aluno que saiba narrar um evento ou uma situação complexa demonstra assim um domínio do conhecimento em questão e uma capacidade de utilizar os dados para pensar.

A influência dos novos pedagogos levou muitos professores a repetirem como um dogma que o ensino tem de basear-se em materiais autênticos, e que, para poder aprender, o aluno deve ver primeiro sempre um exemplo concreto. Isso é um exagero. Às vezes é útil ter exemplos concretos, mas não é necessário tê-los sempre. Há duendes e fadas nos livros para crianças, o que ilustra que as crianças podem entender situações que não viram e que podem aprender com elas. A mente das crianças pode inclusive adquirir mais flexibilidade brincando com o "contrafactual", de modo que não é necessário haver apenas material "autêntico".

Na formação do aluno, deveria incluir-se o hábito de elaborar juízos, ou seja, uma ética. As crianças entendem muito rapidamente conceitos como o bem e o mal, que, combinados com os conhecimentos, lhes serviria para tomar boas decisões mais adiante. Para a sociedade, é crucial que os alunos pratiquem essa habilidade de juízo ético, já que logo serão eles quem se encarregará da sociedade. Nos documentos de pedagogia atual, fala-se muito de autonomia e pouco do desenvolvimento do juízo, mas é um argumento contrário à autonomia assim entendida o fato de que a capacidade de aprender se desenvolve antes da capacidade de tomar boas decisões. Os jovens de idade escolar não amadureceram o suficiente para tomar boas decisões, ainda que sejam perfeitamente capazes de aprender muitas matérias. Os neuropsicólogos mencionam ser preciso chegar à idade de uns vinte anos para ter suficiente maturidade para tomar boas decisões, e também que as meninas amadurecem antes que os meninos. No debate educacional primam por sua ausência o ensino e a capacitação dos alunos para elaborar juízos sobre situações complexas. Exatamente como foi dito a respeito da criatividade, julgar bem uma situação é uma habilidade de alto nível, que aproveita todos os recursos intelectuais e emocionais do indivíduo, que não se improvisa, e que é de enorme importância para a vida do indivíduo.

Tudo o que se expôs sobre os métodos na educação tem a pretensão de ser uma informação valiosa para os pais que estejam procurando um colégio para seus filhos. Se os representantes de um colégio falam mais de métodos que de conteúdos, é preciso ter cuidado. Os métodos são importantes, mas só como apoio, quase invisível, ao conteúdo e ao pensamento.

Os alunos

Hoje em dia os pais costumam ter poucos filhos, somente um ou dois, e além disso os têm com cerca de trinta anos, ou mesmo mais tarde. Nesta circunstância, os filhos adquirem uma importância psicológica muito grande para os pais, e existe o risco de que seja difícil para eles negar-lhes as coisas, e de que os mimem. Essa situação às vezes recorda a das famílias ricas de outras épocas, cujos filhos tornavam-se uns inúteis, simplesmente porque tudo lhes tinha sido permitido. O exemplo histórico oposto seria o fim da Idade Média, quando era costume de algumas famílias da nobreza mandar seus filhos de oito ou dez anos para outra família nobre, para que fossem educados nos deveres e habilidades próprios do seu nível, evitando assim a armadilha de não exigir do filho um esforço que sabiam ser bom para ele. O mesmo costume existia entre certos artesãos: o filho se tornava aprendiz não-remunerado de outro mestre, e vivia com a família deste até se tornar um artesão formado.

Muitos pais crêem que os jovens de hoje sabem muito mais que os de antes. Pode ser verdade que saibam mais sobre computadores e jogos eletrônicos, e talvez tenham acompanhado seus pais em viagens ao estrangeiro, mas não é certo que tenham aprendido a assumir responsabilidades dentro da própria família, como limpar a casa, fazer as compras, preparar a comida ou lavar a roupa. Nem todos têm irmãos, e logicamente nem todos aprenderam a cuidar de um irmão menor. Contudo, a responsabilidade também é algo que se aprende.

Alguns jovens se acostumaram a nunca estarem sozinhos, e desenvolveram uma dependência extrema de seus amigos, algo que diminui sua concentração no estudo. Com o telefone e conectados à *internet* permanentemente, estão sempre disponíveis para os amigos, o que leva a uma dispersão da concentração, negativa para os esforços importantes. O próprio Goethe costumava dizer que "Es bildet ein Talent sich in der Stille", isto é, que, para desenvolver seu talento, o jovem deve afastar-se do "ruído do mundo" e do entretenimento pré-fabricado. Precisamente o contrário da tendência atual, na qual os jovens não ficam sós nem em casa, pois estão sempre em contato com os amigos, entretidos e divertidos. Há jovens que mandam entre cinquenta e cem mensagens por dia para os celulares dos amigos. Estão "entretidos" e "divertidos" no sentido de dirigidos a outra meta que não a educação, inacessíveis ao trabalho intelectual, que exige concentração e esforço a longo prazo.

Antes, nas famílias, costumava-se falar das "más companhias", mas hoje as más companhias podem estar mais presentes do que nunca na vida de um jovem, porque podem propor condutas perigosas a qualquer hora. É preciso reconhecer que, em geral, os pais sabem pouco sobre o que está acontecendo nesse nível da vida de seus filhos. Ademais, também as boas companhias podem ser "más", porque estar sempre "online" transforma a vida do jovem, pois divide sua atenção precisamente na fase de sua vida em que está acumulando conhecimentos e aprendendo a pensar. Por isso, não é um bom argumento dizer que, se os adultos vivem com esses meios de comunicação sempre conectados, é normal que os jovens façam o mesmo. Não, não é a mesma coisa. Um acesso fácil a fontes de diversão atrativas faz com que o jovem esteja menos disposto trabalhar em suas tarefas escolares.

De suas horas de televisão e *internet*, alguns jovens tiram a conclusão de que a meta da vida é ser rico e famoso. Ter de se submeter a um longo treinamento para chegar a ser, por exemplo, engenheiro, atrai menos que a possibilidade de ser "descoberto" magicamente. Muitos crêem que o caminho para o sucesso é participar daqueles concursos que prometem identificar os futuros artistas. Esses jovens estão influenciados por um estilo de vida anti-intelectual mostrado na televisão e por colegas que não valorizam a educação. A palavra inglesa que expressa essa atitude é *cool*. Alguém *cool* é impassível, não estuda e não quer mostrar aos colegas que estudou. Pode tirar boas notas, mas não se deve perceber o seu esforço. Aquele que estuda para aprender algo difícil poderia cair na categoria oposta, a do *nerd*. Contudo, aquilo de que a sociedade necessita a longo prazo são os *nerds*. Se os jovens não aceitam um compromisso sério, produz-se uma debilitação interior da sociedade que a torna vulnerável a diferentes ataques.

Chama a atenção que se fale tão pouco hoje em dia sobre a perseverança. Para conseguir um resultado em qualquer área, é necessário dedicar-lhe horas e horas de atenção. Os psicólogos falam de dez anos ou dez mil horas para chegar a ser excelente em qualquer área. Para chegar à excelência no piano, no basquete, no xadrez ou na matemática, é preciso treinar. É impossível que alguém chegue a dominar realmente uma matéria escolar com as poucas aulas que a escola oferece, e por isso é preciso estudar em casa, ler livros não obrigatórios e refletir por conta própria sobre o que é estudado. Ser aluno significa aceitar uma disciplina durante alguns anos para ser mais livre depois, quando se souber realizar sem esforço uma série de atos baseados em conhecimentos e destrezas. O ideal é que o jovem aprenda passo a passo a postergar a gratificação, a aumentar sua flexibilidade mental e a motivar-se a si mesmo. Ademais, é importante aprender a lutar para atingir uma meta distante, porque isso é o que dá felicidade. Receber tudo sem esforço, por acaso ou como um presente, termina deprimindo o jovem, porque lhe dá a impressão de que nada tem valor.

Tradicionalmente, a escola obrigava o aluno a cumprir certas exigências e perseverar ano após ano na leitura, na escrita, na matemática e nas demais matérias. Isso continua sendo assim. De nenhuma maneira se chega a ter uma boa educação escolhendo a tarefa e o nível de esforço conforme a inspiração do momento. Aprender é modificar o cérebro e, para que isso aconteça, é necessária uma prática sustentada e prolongada na área em questão.

Quando se fala dos êxitos asiáticos em educação, costuma-se repetir no Ocidente que os alunos asiáticos pagam um preço alto em ansiedade. Entretanto, tudo indica que o estresse nas sociedades ocidentais é igualmente grande, mas por outros motivos. Para os adolescentes ocidentais, não se trata apenas de serem bons estudantes, mas também de serem fisicamente atraentes, de se destacarem no esporte, vestirem a moda e serem populares entre os colegas. Buscar experiências as 24 horas do dia também é muito estressante. Às segundas-feiras, depois de cada fim de semana, os jovens podem se sentir obrigados a ter algo excitante a contar para os colegas. Ninguém quer dizer que ficou em casa ajudando os pais ou estudando. Essa pressão de ter sempre de fazer algo divertido gera ansiedade e estresse, e se manifesta muitas vezes como dor de cabeça e de estômago.

Se a escola e a família não exigem esforços dos jovens, deixam-nos mal preparados para suportar as dificuldades e a frustração que encontrarão durante a vida. Talvez seja bom fazer um pequeno parêntese sobre o estresse. O estresse não é somente uma emoção, mas também um estado fisiológico relacionado ao aumento da pressão sangüínea, o aumento de peso e a resistência ao hormônio insulina. Nosso sistema fisiológico de estresse existe para um perigo pontual, quando o nível do hormônio cortisol aumenta por um breve momento para nos pôr em alerta, e depois volta ao seu estado normal. Contudo, na vida moderna, corremos o risco de ter um nível alto de cortisol quase constantemente, o que leva à ansiedade, ao cansaço físico e ao desgaste dos órgãos internos. O cortisol influi negativamente na aprendizagem se o nível estiver demasiado alto ou demasiado baixo.

Viver numa sociedade de informação contribui para o estresse, e o estresse informativo poderia ser simbolizado pelo toque de um *e-mail* que chega ou do celular que anuncia uma nova mensagem. O estresse tecnológico não é somente a irritação por ter de esperar que um programa de computador se abra, mas é sobretudo a sensação de estar perdendo informação quando não se está olhando para a tela; ou seja, a própria superabundância de informação é estressante. Além do mais, chegam-nos mais informações do que podemos processar, e de qualquer lugar a qualquer hora do dia. Por isso, uma nova habilidade é saber desconectar-se do mundo eletrônico para ficar sozinho ou para estar disponível para a família e para os amigos, encontrando um equilíbrio entre a vida e o trabalho, um equilíbrio cada vez mais difícil. A informática também pode gerar uma solidão tecnológica: estar sentado diante da tela sem realmente integrar-se num ambiente educacional ou familiar, talvez jogando ou perdendo tempo de outro modo.

Convém falar do sono em relação ao estresse tecnológico, porque o computador é um fator que influencia poderosamente na perda de sono dos estudantes. As crianças pequenas necessitam de onze a doze horas de sono por noite, e os alunos de primário de dez a onze. Necessitam dessas horas para descansar, para manter o equilíbrio hormonal e para fixar o que aprenderam durante o dia, ou seja, para sua saúde física e psíquica, simultaneamente. Assegurar-se de que as crianças durmam o suficiente é uma tarefa que compete claramente aos pais.

Alguns pedagogos consideram que os jovens de hoje são diferentes dos de antes, que são *novos alunos*. Dizem que é normal não aceitarem aprender só porque um professor mandou fazer determinada tarefa. Exigem que lhes seja explicado por que seria bom precisamente para eles e precisamente em sua situação pessoal atual aprender o dado em questão, e que o professor lhes dedique uma atenção individual. Esperam poder participar das decisões sobre qual trabalho vão realizar. Além disso, querem desfrutar de uma variedade de tarefas e ter resultados rápidos. Em outras palavras, querem escolher entre diferentes alternativas e querem exercer um controle sobre seu próprio trabalho. Gostam de trabalhar junto com os outros. É verdade que essas tendências existem, mas elas devem ser combatidas, e não aceitas, porque são sinal de que os jovens em questão não aprenderam a ser alunos. É fácil entender que, se o professor deve convencer cada um dos alunos e até negociar com eles, perde-se muito tempo e se avança pouco.

A *autonomia* instalou-se não só como método de trabalho mas também como pauta de conduta. Alguns alunos pensam que nenhum laço especial os une ao professor, e são capazes de responder a um professor que "esta é sua opinião, eu tenho a minha". Na escola tradicional, os alunos podiam ser heterogêneos em sua procedência social, mas chegavam a ser homogêneos intelectualmente. A dignidade do aluno era o trabalho e o saber.

A educação indulgente, tanto em casa como no colégio, pode transformar os jovens em tiranos. Há casos de chantagem e de ameaças, além de exemplos de pais maltratados pelos filhos e de professores agredidos. Os novos pedagogos costumam ver as condutas negativas na aula como o resultado dos problemas sociais do aluno, como algo que o indivíduo não controla. Contudo, o ambiente pode nos condicionar, mas não nos determinar, entre outras coisas porque a educação abre-nos a porta para outros mundos que completam o familiar.

A EDUCAÇÃO DE UM JOVEM É UMA COLABORAÇÃO

Durante muito tempo, certos ideólogos sustentaram que a educação funcionou como um privilégio das classes média e alta, e que seria democrático distribui-la através do livre acesso e de subvenções para estudar, uma idéia que não leva em conta que, para aprender, são necessários vontade e esforço. Parece redundante dizer que é essencial que o estudante estude. Nos países de bem-estar o problema atual é que os adultos não se atrevem a exigir esforços dos jovens.

A educação permite que os jovens cheguem mais longe que seus pais, mas, durante as últimas décadas, muitos pesquisadores procedentes dos campos da pedagogia e da economia insistiram que o nível socioeconômico dos pais decide o resultado escolar dos filhos. Essa afirmação foi repetida tantas vezes que muitas pessoas chegaram a crer nela. Contudo, o essencial é o esforço do aluno, e não o nível econômico dos pais. Se a sociedade aceita que um aluno não trabalhe na escola ou que se ausente sem justificativa criará, ao contrário, um grupo de alunos desconectados da escola. É verdade que a maioria desses alunos desconectados costuma vir de famílias sem tradição educativa, mas não trabalhar na escola é uma decisão individual. O determinismo socioeconômico em educação é uma idéia errônea, porque, se os alunos não pudessem superar o nível de educação dos pais, nenhum país de baixo nível poderia melhorar, e não é o caso. Os alunos coreanos e chineses de famílias sem muita educação são um exemplo recente, pois esses jovens conseguem excelentes resultados tanto em seus próprios países como no exílio. Ademais, pode-se encontrar exemplos históricos de pessoas de famílias sem educação cujo interesse pela vida intelectual foi despertado na escola. Um exemplo literário é Albert Camus, que escreveu em *O primeiro homem* como seu professor de primário lhe abriu o mundo intelectual.

Também na exitosa educação finlandesa constata-se que, se o aluno lê muito, sua compreensão de leitura melhora. É questão de leitura, e não de nível socioeconômico, porque, ainda que os pais tenham podido comprar uma boa casa, se o filho não estudar, não tirará boas notas. A insistência no nível socioeconômico tira o mérito dos bons alunos porque não se leva em conta seu esforço. Quando um aluno aprende algo, a compreensão não é de modo algum automática, mas conseqüência de um esforço.

A insistência no socioeconômico é um dos efeitos mais negativos da ingerência dos sociólogos e dos políticos na educação. As famílias incidem no êxito escolar de seus filhos, mas de outro modo: por sua atitude perante o estudo. Nos países hispânicos, essa atitude pode ser captada na expressão, utilizada por exemplo na Argentina, "meu filho doutor", expressão do orgulho de pais sem educação pelas conquistas do filho. Pais que anteponham seu próprio sucesso profissional a conversar com seus filhos não terão um efeito tão bom em seus sucessos escolares como outros pais que, com menos educação, animem seus filhos a estudar. Os pais que repetem em casa que os estudos não servem para nada incidem de maneira negativa nos filhos, tenham eles educação ou não. É mais importante o ambiente humano que o nível econômico.

Outra coisa que se costuma afirmar sem fundamento é que falar em casa uma língua diferente da que se usa no colégio é uma dificuldade para os imigrantes; na realidade, saber mais de uma língua é um *plus* uma vez que se tenha alcançado o domínio da nova língua, algo que se pode conseguir num par de anos se a escola que acolhe os imigrantes estiver centrada no aprendizado. Se, ao contrário, esses alunos imigrantes encontram uma escola caracterizada pelo absentismo e pela desordem, é provável que jamais aprendam adequadamente a nova língua. Esse risco é grande particularmente quando os alunos vêm de um país desorganizado em matéria de educação e carregam um atraso educacional.

Com a educação obrigatória gratuita, pensava-se que se chegaria ao objetivo de educar a todos, mas agora assistimos a uma inversão dessa concepção porque, ao invés de "uma escola para todos", vemos "todos na escola". Devido ao enfoque na *tolerância* e na *inclusão*, a escola se adapta à imaturidade dos alunos que não desenvolveram o autocontrole. A tradição escolar era, em geral, atender todos os alunos através de certa uniformidade na organização e nas exigências, mas desde muito tempo se impôs outro enfoque, centrado no aluno, que faz com que tudo seja focado na atenção às diferenças entre os alunos. Em vez de construir o aprendizado com base no que o aluno necessitará quando for adulto e passar a ser um cidadão responsável, toda a tenção parece ser posta naquilo que esse aluno é e traz consigo como proveniente de uma determinada família. Não deve estranhar a ninguém, então, que aumente o conflito escolar quando se junta numa mesma classe jovens que têm muito pouco em comum, e aos quais, em vez de oferecer referências comuns, diz-se com insistência que a sociedade deve *respeito* à sua diferença. Certamente a educação na escola deve mostrar respeito pelo indivíduo, mas formando esses jovens para que se tornem os adultos do futuro. Não exigir esforços significa respeitar a imaturidade do jovem. Um professor respeita o aluno quando prepara bem a aula e quando utiliza bem o tempo de uma aula. Contudo, hoje o costume é dizer que o professor deve respeitar a cultura da casa dos alunos e que deve estudá-la. Assim, quem deve aprender é o professor, e não o aluno. Isso é o mundo às avessas, porque os alunos estão na escola para aprender o que a sociedade decidiu que aprendam e que o professor estudou para ensinar-lhes. O paradoxo é que muitas vezes os que mais falam de respeito são os *objetores escolares*, que, em vez de exigirem esforços de si mesmos, pedem respeito de maneira rotineira. Em sua boca, torna-se uma exigência serem aprovados sem ter feito nenhum esforço. Ademais, seu respeito pela escola, pelos professores e pela sociedade costuma primar pela ausência.

Como chegamos a isso? Podemos retornar à idéia de que a verdade não existe. Se é pregado que a verdade não existe, a opinião de qualquer aluno vale tanto quanto a do professor. Como, então, exigir que o aluno aprenda o que o professor ensina? Por que não exigir que o professor aprenda a opinião do aluno, com a qual fecha-se o círculo? Como um professor pode exigir certa conduta de um aluno portador de uma verdade tão importante quanto a dele próprio? Ademais, os alunos são muitos e o professor é só um, de modo que, "democraticamente", o professor está em minoria. É impossível ter um sistema educativo coerente baseado nessas idéias. Com a negação da verdade, chegamos à negação da dignidade moral do professor. Sem rodeios: o respeito à verdade é inseparável do esforço intelectual, que é a razão de ser da escola.

Em vez de falar de respeito, poder-se-ia falar do aprendizado dos bons costumes por imitação. Os filhotes de todas as espécies biológicas, e também da humana, aprendem por imitação. Por isso, os pais e os professores devem ser modelos intelectuais e morais. Se se ensina as crianças pequenas a se comportarem bem com a família, com os amigos e com desconhecidos, elas automatizam a boa conduta e podem dirigir sua atenção a outras questões. O mesmo pode ser dito quanto aos hábitos diários, como alimentar-se bem, ocupar-se da higiene e manter em ordem seus pertences. Outro costume positivo para o aprendizado é o exercício físico, que leva oxigênio ao cérebro, melhora a coordenação muscular e contribui para o bem-estar físico e psíquico. O que é diretamente negativo para o aprendizado é não dormir o suficiente e, é claro, o álcool e as drogas.

É contraditório que o Estado tenha introduzido uma obrigação de escolarização mas não de aprendizado, e é contraditório inserir um aluno num grau por sua idade e não por seus conhecimentos, se se quer que ele aprenda. O sistema atual faz com que o aluno possa encontrar-se num grau do qual não entende o conteúdo porque não aprendeu o conteúdo que devia ter estudado antes. Essa situação constitui um desprezo pela educação no seio do mundo educacional. Quando os professores falam da necessidade de provas de admissão, não é para castigar ninguém, mas porque assim funciona o aprendizado. A promoção social ou automática em vez da promoção por mérito é um engano, e a primeira vítima é o aluno sem conhecimentos. Às vezes, trata-se também de um auto-engano, porque alguns alunos não entendem bem quanto lhes falta para estarem no nível adequado. A promoção automática cria uma desordem porque, quando o professor indica uma tarefa para casa ou para ser realizada em sala, o aluno que não esteja à altura não pode participar como os outros alunos, ainda que queira. Atualmente, em toda turma costuma haver alunos em níveis muito diferentes, alguns dos quais não podem realizar as tarefas normais da turma, o que faz com que o professor tenha de preparar tarefas diferentes. O caos espreita. A psicologia de aprendizagem da escola tradicional se baseava na idéia da turma. Todos tinham de fazer a tarefa, e não eram permitidas exceções, porque faziam os outros se distraírem da tarefa. Além disso, como exigir de um aluno sem problemas que trabalhe duramente se tem ao seu lado vários colegas que sabem menos e que talvez nem se esforcem?

Como tudo que é humano, o pensamento é extremamente complexo. Combinam-se no ato de pensar os conhecimentos prévios da área em questão com a capacidade de dirigir a vontade para uma meta. Não é possível ensinar a pensar sem referência a certa área, porque nossa inteligência é fundamentalmente prática e depende de nossa experiência na área em questão, o que é um argumento a favor da escola tradicional com um conteúdo curricular previsto para cada matéria e cada ano. Para poder reagir em situações práticas e tomar decisões, ajuda-nos sermos capazes de aceder rapidamente aos dados requeridos na memória e tê-los posto em prática em diferentes situações.

A EDUCAÇÃO DE UM JOVEM É UMA COLABORAÇÃO

A única maneira de aprender a técnica de pensar e analisar criticamente é praticar o pensamento, e para isso é uma grande ajuda ter bons professores e colegas de estudo com os mesmos interesses. O ambiente ajuda, mas o esforço de pensar se realiza individualmente. Saber usar a lógica não é algo automático, mas é preciso aprender em particular o pensamento dedutivo. Nosso manejo do pensamento lógico depende dos contextos, e somos mais lógicos nas áreas que conhecemos bem. O pensamento abstrato é difícil, e muitas pessoas, jovens e não tão jovens, não podem com ele.

Para aprender a pensar, um caminho é ler um livro, analisá-lo em grupo, escrever um trabalho aprofundando mais e, depois, continuar com o livro seguinte. Depois de um tempo, o aluno tem acumulado em sua memória material suficiente para poder comparar, o que constitui um tipo de pensamento. O aluno adquire ao mesmo tempo conhecimentos e a capacidade de avaliar. Aprender a pensar e continuar pensando fora do âmbito da educação constitui uma dimensão não só intelectual mas também moral.

Aprender algo prático não é totalmente diferente do aprendizado teórico. Quando se aprende a fazer algo, nunca se trata de um ato isolado, mas aprende-se qual é a ação apropriada para certa situação, e isso é o mesmo que dizer que se aprende um princípio. Quem sabe preparar dez pratos sabe cozinhar. Quem sabe cozinhar não precisa de instruções para cada passo na preparação de um prato.

Para poder pensar, é preciso primeiro querer pensar, ou seja, estar preparado para fazer um esforço. Porém, o resultado de certa "nova educação" se parece com o que a Antigüidade chamava de *acrasia*, uma falta de força para dirigir a própria vontade, uma passividade, que se associava aos jovens que nunca tinham sido censurados nem castigados durante sua educação. Sem nenhum tipo de coerção, o jovem não entende por que necessitaria se esforçar ou ser virtuoso.

Para poder começar a pensar, precisamos ter dados dos quais abstrair os conceitos com os quais vamos pensar. Aprender e praticar a abstração é a tarefa central da escola, uma atividade aparentada com o aprendizado da objetividade. O professor, o livro didático e as provas são a garantia de que esse processo se realiza de maneira correta. Quando pensamos, nós nos baseamos em abstrações, ou seja, extraímos o essencial, o típico e o característico, mas, se a verdade não existe, todas essas atividades são absurdas. O construtivismo acaba sendo niilista, já que considera que todos os dados estão imbuídos de interesses e preconceitos. Não nos convida nem ao pensamento nem à comunicação, atividades baseadas numa experiência comum do mundo. O que a ciência faz é precisar as condições em que se dá um fenômeno para que seja possível compartilhar e discutir os resultados.

Sendo assim, o que é pensar sobre um problema? É começar por entender em que ele consiste. Depois é preciso distinguir entre o importante e o menos importante na situação em questão. É preciso formular uma meta para a atividade do pensamento, e em seguida perseverar até chegar ao final. Ao ter encontrado uma solução ou a solução, é preciso comprovar se ela é correta. Finalmente, as idéias devem ser organizadas de maneira clara e resumida. Isso não é uma *competência* que se possa aprender independentemente do conteúdo do problema.

Não é possível diferenciar o pensar do pensar sobre algo. Se se quer fomentar o pensamento crítico, é preciso fomentar primeiro ou ao mesmo tempo o aprendizado das matérias. Nosso pensamento está acoplado a nossos conhecimentos e a nossas experiências. Em geral os jovens de hoje em dia já ouviram falar de muitas coisas, mas sem conhecê-las a fundo e sem saber se servir dos dados em seu pensamento: necessitam de um aprendizado sólido de conhecimentos significativos.

Sintetizar dados para formar conceitos é algo que cada um tem de fazer por si. Não é possível abstrair para outra pessoa. Num congresso sobre como ajudar a aprender a pensar, um catedrático de medicina descreveu a maneira complexa como ensinava os futuros médicos a pensar. Os estudantes deveriam ler o que diziam os manuais mas, além disso, a cada semana a turma se reunia para analisar um paciente ou discutir juntos um artigo recém-publicado. Os estudantes deveriam confrontar as afirmações do manual com o caso em questão e com outros casos discutidos durante os seminários anteriores. Dessa forma, o professor conseguia ao mesmo tempo ensinar conteúdos, formar os estudantes como leitores competentes de textos médicos e socializá-los como futuros médicos. Criava um ambiente que transmitia conhecimentos e que ao mesmo tempo ensinava a pensar.

Outro exemplo similar: a anedota de um catedrático de cardiologia que apresentou um paciente com um sopro para que os futuros médicos tentassem diagnosticar seu mal. O estudante que tinha estudado mais acreditou ouvir uma condição rara descrita num manual. Outro estudante menos ambicioso disse não poder ouvir nada de especial.

A EDUCAÇÃO DE UM JOVEM É UMA COLABORAÇÃO

Ocorre que o paciente não tinha nenhuma enfermidade cardíaca e que o catedrático queria ensinar o perigo de não se basear na observação atenta. Pensar é combinar o observado com o estudado, tanto na escola como na universidade.

O rigor, a coerência e a precisão são valores intelectuais que o aluno deve aprender. O processo de aprender a interiorizar esses valores intelectuais é longo e complexo, e é distinto conforme a matéria. Se se leva a sério a importância dos valores intelectuais, não se pode admitir em cursos avançados estudantes sem determinados conhecimentos prévios. A propósito da moda de falar da "pesquisa" das crianças, deve-se deixar claro que a maneira como pensam as crianças tem muito pouco a ver com como pensam os pesquisadores. As crianças não sabem guardar na mente todas as variáveis, não manejam várias interpretações possíveis e costumam tirar conclusões sem levar em conta todos os dados. Em algumas ocasiões sua conclusão se baseia no que já sabiam anteriormente, ou seja, não inclui as novas observações. Se é difícil para os adultos pensar de maneira objetiva, é-o muito mais para as crianças. Ser um adulto culto significa, entre outras coisas, entender sua própria situação e os limites de seu entendimento. Para a criança e para o aluno sem conhecimentos, tudo é singular. Para o aluno que está progredindo, tudo segue a regra. Só o aluno avançado e o adulto culto podem ver ao mesmo tempo as regras e as exceções.

As pessoas criativas, por exemplo os pesquisadores ou os artistas, caracterizam-se por ter muitos conhecimentos e boa memória, saber usar seu cérebro de maneira eficaz e, além disso, ser rápidos e planejar bem seu trabalho. Têm uma capacidade analítica que lhes permite identificar os traços significativos do problema e descobrir os dados faltantes. Sabem escolher o procedimento adequado para a tarefa e são flexíveis. Preferem o complexo ao simples. Trabalham muito e perseveram, e, quando terminam um projeto, começam imediatamente outro, porque encanta-lhes criar. Além disso, para criar e também para criar um pensamento é preciso coragem, porque nem sempre se chega a uma conclusão que corresponde ao que se diz comumente. Albert Camus costumava dizer que o que o atraía era a combinação de inteligência e coragem.

As escolas

O ser humano é extremamente complexo, e cada escola é diferente porque ali trabalham e estudam pessoas diferentes. Uma escola nunca é totalmente definida pelos fatores econômicos, sociais ou culturais, mas constitui o resultado de uma interação entre muitos fatores. Poderíamos comparar a escola com uma caixa-preta, porque dificilmente pode-se controlar todos os fatores que intervêm. Uma escola é como um ser vivo, porque nunca é igual a outra e, ademais, muda constantemente.

No debate público, muitos pais e políticos falam da "escola" como se uma escola fosse igual à outra. As escolas podem ser tão diferentes entre si que às vezes parecem pertencer a mundos diferentes. No debate público quase sempre se fala das escolas com problemas, de modo que é preciso completar essa imagem, falando das escolas excelentes. Para salientar que há ideais e não somente problemas, vamos começar com dois casos excepcionais mas muito diferentes entre si: Eton e Nada.

Eton é uma escola britânica de muita tradição, situada não muito longe de Londres, numa cidadezinha tranqüila. A escola é formada por vários edifícios de ladrilho vermelho, há pátios gramados entre os edifícios e é rodeada por quadras de esporte. Tanto os alunos como os professores vivem na escola e chegam a ser como uma família. O tutor costuma reunir sua turma duas vezes por semana para atividades extracurriculares, tais como escutar ópera ou falar de acontecimentos políticos recentes. No que se refere às aulas diárias, os professores dão muita ênfase a que todos os alunos cheguem preparados para participar ativamente. É conhecido de todos o fato de que os alunos trajam uma roupa de outra época, o que lhes faz recordar que fazem parte de uma tradição. É um colégio masculino particular, no qual os bolsistas constituem a elite intelectual. Tradicionalmente, em Eton se ensinava sobretudo latim, grego e matemática, mas hoje em dia o programa é mais amplo. A meta é formar a personalidade de uma maneira completa: formar a mente, o corpo, a sensibilidade estética e a personalidade moral do aluno. Essa escola formou e continua formando líderes. Muitos desses alunos conseguem entrar nas universidades de Oxford e de Cambridge, mas a orientação da escola não é unicamente intelectual. Os responsáveis por essa escola gostam de dizer que preparam os alunos para a vida mesma. Os invejosos falam de privilégios e criticam precisamente que os ex-alunos formem uma grande família e que se ajudem mutuamente.

A EDUCAÇÃO DE UM JOVEM É UMA COLABORAÇÃO

Nada é um colégio situado fora de Kyoto. A grande meta de Nada é preparar os alunos, todos homens, para ingressar em Todai, a Universidade de Tóquio. A escola ter uma única meta principal explica o enfoque total nas matérias. A escola é privada e paga, mas não muito cara se comparada a outras ofertas para se preparar para as provas de admissão da Universidade de Tóquio. Os alunos de Nada não precisam freqüentar cursos complementares à tarde nem repetir um ano para melhorar o resultado. Entra-se em Nada por uma prova de admissão, e não é surpreendente que muitos alunos sejam filhos de professores. A escola tem aula seis dias por semana, mas no sábado só até o meio-dia. As turmas de alunos podem ser grandes, até cinqüenta ou sessenta meninos na mesma turma. O ambiente é sério, mas os professores sabem captar o interesse dos alunos, que participam com gosto das aulas. Só há uma meta: aprender o que exige a prova de ingresso na universidade. É oferecida a possibilidade de fazer esporte, mas o esporte constitui claramente um complemento ao estudo. Considera-se que os alunos estejam numa idade apropriada para aprender dados, e que algumas das explicações do porquê podem esperar. Pensa-se que conhecer dados terá toda a sua importância quando, mais tarde, forem combinados com as experiências de um adulto. O último ano escolar é dedicado à revisão, porque, ao terminar o penúltimo ano, os alunos já estudaram todos os temas. Dessa forma, os alunos de Nada alcançam fluidez e flexibilidade no manejo dos dados. Os professores ganham bons salários.

O contraste entre os dois exemplos mostra que se pode ser excelente de várias maneiras; outra conclusão poderia ser que, se os países com uma forte agenda igualitária proíbem que se forme bem os jovens talentosos, o resultado é favorecerem os países que formam suas elites. O contraste entre Eton e Nada e o programa típico de ensino estatal dos países ocidentais de vocação igualitária é muito grande. Como mencionamos, uma das conseqüências da nova pedagogia é que o dinheiro é investido de forma prioritária nos alunos com problemas, além de reservar-se os melhores professores para essa tarefa. A conseqüência é que os pais dos alunos sem problemas buscam opções educativas não-estatais, ainda que tenham de pagar duas vezes pela educação dos filhos.

O exemplo de Eton pode nos recordar que os edifícios escolares constituem um patrimônio estético e físico. Em geral, nas cidades pequenas, antigamente as escolas eram os edifícios mais bonitos, ao lado da prefeitura e da igreja. Esses edifícios expressavam que as escolas eram instituições centrais para a sociedade, e às vezes compartilhavam alguns traços arquitetônicos com as igrejas. Nos institutos de ensino médio, costumavam-se incorporar na decoração elementos formais da Antigüidade, da Idade Média e do Renascimento, refletindo os conhecimentos históricos e estéticos que os alunos deveriam aprender. Tanto é assim que alguns colégios que já não são usados como escolas passaram a ser prefeituras. É muito necessário resgatar essa tradição, que tinha como ideal combinar um quadro esteticamente atraente com um bom ensino, pois tinha-se a convicção de que esse ambiente de beleza reforçava o ambiente escolar e o estímulo para aprender. As escolas atuais, pelo contrário, costumam ser construídas seguindo critérios funcionais, e não despertam admiração. Ainda que, quando admiramos as escolas antigas, só nos pareçam bonitas por só terem sobrado as bonitas.

Há uma linha de pesquisa pedagógica que se denomina "escolas bem-sucedidas", e que é forte nos países anglo-saxões. O modelo que se descreve como bem-sucedido tem alguns traços em comum com o que dissemos das escolas de E‍ton e N‍ada. As escolas bem-sucedidas modernas caracterizam-se pela precedência do foco no aprendizado, metas claras e exigentes e um clima de trabalho caracterizado pela ordem. Entre os alunos, a ênfase é posta na concentração, na vontade e na autodisciplina. Os alunos recebem a mesma mensagem dos professores, dos pais e da comunidade. O bom resultado está associado aos esforços e às expectativas, e em não perder tempo com temas não associados ao aprendizado. Entre um estilo mais formal ou informal no ensino, dá melhor resultado o formal. Uma boa escola costuma ser boa em tudo, tanto no trato dispensado aos alunos como na qualidade do aprendizado das matérias. Os alunos que têm bons resultados também têm um bom comportamento. Em particular no ensino secundário, o número de alunos por turma não importa tanto como a qualidade do ensino que se dá.

Nos países anglo-saxões existe também um movimento de reforma escolar centrado nos bairros problemáticos. O que se pretende conseguir é um *school turnaround*. Começa-se por nomear um novo diretor, entusiasta e enérgico. O segundo passo é insistir que os alunos respeitem a ordem, a pontualidade, o linguajar cortês e a vestimenta decente.

A EDUCAÇÃO DE UM JOVEM É UMA COLABORAÇÃO

Trabalha-se com a inovação para alcançar as metas do colégio, experimentando novos horários, novos livros e novos métodos de agrupar os alunos. Presta-se atenção à organização do professorado para ver se algo pode melhorar. Para cada aluno, faz-se um acompanhamento de seu aprendizado nas diferentes matérias. O aluno deve aceitar que está na escola para aprender. Criam-se laços com os pais e com o entorno local, informando todos das reformas e dos resultados que se produzirão. Às vezes esses métodos recordam os que são utilizados para melhorar os resultados no esporte, porque todos devem analisar seus resultados anteriores, propor metas ambiciosas e esforçar-se de maneira continuada.

Os colégios bem-sucedidos dedicam um tempo no início de cada ano a garantir que todos os alunos saibam que conduta se espera deles. Se o aluno comete uma infração, o professor costuma começar a conversa com o aluno fazendo uma referência à conduta que se espera dos alunos. Deve ser absolutamente claro para os jovens com problemas que existem regras, e que serão aplicadas sanções a quem não se comportar bem. Essa mensagem é dirigida a todos, mas em primeiro lugar aos alunos que não tenham aprendido em casa a acatar as regras e aos que aprenderam regras anti-sociais.

No nível do professorado, combatem-se ao mesmo tempo os costumes burocráticos do "reunionismo" e do "documentalismo", que drenam as energias dos professores e não melhoram o resultado. O enfoque é posto em conseguir que um maior número de alunos mereça notas mais altas em vez de apagar os limites entre a excelência e a mediocridade. A reforma escolar significa também o fim do facilismo, do "vale-tudo".

Quando se fala de alunos com necessidades especiais, dever-se-ia falar também dos alunos avançados, que ficam mortalmente entediados nas aulas "compreensivas". Muitos decidem dar as costas para sempre às matérias escolares, dedicando-se por exemplo ao *rock* e à informática. Esse é um indício da forte penetração do igualitarismo na educação, que se nega a agrupar os alunos segundo outro critério que não seja o de sua idade, o que a nova pedagogia qualifica como *discriminação*. Para mencionar só um aspecto que põe em questão esse igualitarismo, podemos nos referir ao critério de sexo dos alunos: agrupar os alunos segundo a idade pode ser diretamente negativo para muitos alunos homens que amadurecem cerca de um ano e meio mais tarde que as meninas. Ademais, a situação aborrece as meninas, que se vêem rodeadas de colegas homens que lhes parecem infantis.

Os países asiáticos e os países como a Finlândia obtêm bons resultados sem itinerários, mas é preciso observar que não combinam a escola compreensiva com um ambiente permissivo, e fazem uma seleção para os estudos superiores. Na Ásia, as autoridades contam com certa pressão social para que os alunos estudem e, ademais, com uma feroz concorrência para ser admitido na universidade. A Finlândia também seleciona os melhores estudantes para as vagas da educação superior, o que estimula os bons alunos. Outros países farão bem em utilizar itinerários e em permitir que os alunos adiantados passem mais rapidamente de ano no primário.

É sabido que a educação diferenciada entre meninos e meninas dá bom resultado por exemplo na Grã-Bretanha, onde os colégios diferenciados costumam estar entre os melhores. Provavelmente confluem vários fatores, como pais conscientes da importância da educação, alunos que se esforçam e um *ethos* religioso. Essas escolas conseguem criar um ambiente ordenado que muitas vezes transmite uma mensagem aos alunos a propósito de quem são, uma mensagem que poderíamos chamar de moral.

Os igualitaristas desaprovam todo agrupamento que não seja pela idade. Não gostam da agrupação segundo a capacidade nem da educação diferenciada entre meninos e meninas. A educação diferenciada seria má ainda que desse melhores resultados tanto no aprendizado como na conduta, e ainda que fosse particularmente bem-sucedida na faixa etária que corresponde à educação secundária. Entre os alunos homens, produz um bom resultado uma ênfase em regras e exigências claras, ou seja, num ambiente moral. A educação diferenciada costuma beneficiar particularmente os alunos homens que crescem "sem pai presente", como se diz hoje em dia. Também pode ser uma vantagem que as matérias não sejam marcadas por clichês sobre o que é feminino e masculino. Por isso, nas escolas de educação diferenciada, é mais comum que os meninos vão melhor nas humanidades que nos colégios mistos, e o mesmo ocorre com as meninas nas ciências naturais. Com alunos homens, em geral consegue-se que leiam mais, introduzindo textos sobre personagens históricos positivos, provendo-os assim de bons modelos de ação masculina. Para os meninos, também se utiliza a competição como método, ao passo que as meninas costumam preferir mais a colaboração. Na leitura, por sua maior maturidade, as meninas costumam gostar dos livros de conteúdo mais psicológico.

Quanto ao feminismo sucede algo curioso no âmbito escolar. Supostamente, as mulheres são vítimas, e necessitam de programas especiais de gênero. É verdade que no passado as mulheres se incorporavam mais tarde à educação, mas agora não só estão presentes em todos os níveis e em todos os programas como também vão melhor que os homens. Para começar com o primário e o secundário, as meninas amadurecem antes que os meninos, de modo que as exigências da escola não costumam lhes dar muito trabalho. Na verdade, seu problema é que as tarefas não são suficientemente estimulantes, e que as meninas desperdiçam parte de seu valioso tempo de estudo.

Atualmente, as meninas tiram melhores notas que os meninos em todas as matérias. Tradicionalmente, os meninos tinham alguma vantagem em matemática e ciências naturais, mas essa diferença desapareceu. Na compreensão de leitura, as meninas quase sempre se saem melhor por conta de sua maturidade, por seus conhecimentos e por gostarem mais de ler. No ensino médio e na universidade, há cada vez mais mulheres, cada vez com melhores notas e terminando em maior medida os programas de estudo nos quais se matricularam. Em outras palavras, se a política de gênero fosse menos política e mais baseada nas necessidades reais, dedicar-se-ia à situação dos meninos, e não à das meninas. É essencial entender que muitos dos problemas atuais são criados pela escola, por não se levar em conta a diferença entre os alunos.

Mesmo assim, as feministas exigem programas de conscientização feminista. Querem que se reescrevam os livros de história para incluir mais mulheres, e que em literatura se leia tantas autoras quanto autores. Quando formulam essas reivindicações, as feministas reivindicam uma mudança retrospectiva da história, criando uma idéia de vitimismo, mesmo que não corresponda à situação atual. Um argumento usado é que seria difícil para as meninas estudar essas matérias já que não há nos livros outras mulheres com as quais se identificarem. O mesmo argumento foi utilizado para exigir professores do sexo feminino. Contudo, nos estudos sobre o comportamento em aula de professores do sexo masculino e feminino, constata-se que há mais semelhanças que diferenças; ou seja, são profissionais.

Por ser esta a situação, o problema atual são os alunos homens. Os pais dos alunos homens deveriam exigir que as crianças ingressassem no primeiro grau conforme sua maturidade, e não conforme a idade. Agora, muitos meninos não aproveitam sua escolarização talvez até os quinze anos ou mais. Também se constata que os meninos crêem ser alunos medíocres, o que não lhes estimula a continuar estudando.

Uma tendência nova e crescente, sobretudo nos Estados Unidos, é que alguns pais já não querem matricular seus filhos na escola pública. Os motivos dos pais costumam ser o desejo de proteger seus filhos da influência de alunos violentos, mas também de um ensino que julgam niilista, afirmando que as escolas públicas são escolas apenas no nome. Começam a ser tantos os alunos que estudam em casa que as editoras já estão publicando materiais para eles, e dessa forma podem colaborar cada vez mais com outros jovens que também se educam em casa.

Os pais

Educar nossos filhos talvez seja a tarefa mais importante que a vida nos confia, mas esta tarefa pode ser mais difícil do que antes, porque as gerações nem sempre aprendem uma da outra e nem sempre colaboram do mesmo modo. A educação é, mais do que nunca, uma combinação do que o jovem aprende em casa com o que aprende no colégio. Ao mesmo tempo, novos perigos espreitam fora do colégio. Nessa situação, a tarefa da família é simultaneamente moral, intelectual e prática.

Desde o dia em que nasce, a criança é recebida como alguém que pertence ao grupo. O bebê necessita de outras pessoas e muito logo aprende a quem pertence, e muito antes de saber falar começa a dar mostras de afeto por seus familiares, em particular a mãe. Estabelece-se um intercâmbio de gestos carinhosos, de apreço e de pertencimento. É dentro desse contexto afetivo que, passo a passo, ensina-se à criança como deve comportar-se. A criança aprenderá a esperar que se dê atenção também aos irmãos, e não somente a ela. Aprenderá a não monopolizar toda a atenção, mas a deixar um espaço para os outros. É uma conquista que a criança aprenda a esperar sua vez de falar e que realmente escute o que os outros dizem, porque assim ela se integra

A EDUCAÇÃO DE UM JOVEM É UMA COLABORAÇÃO

no grupo. Como novo membro da minissociedade que é a família, ela aceita que não constitui o centro do mundo.

Os pais transmitem os valores familiares através de sua conduta, e devem evitar a incoerência entre o que dizem e o que fazem. A confiança se constrói através do trato diário entre os membros da família e sobre a base da verdade e do amor, mas não na ausência de regras. Os filhos precisam ao mesmo tempo de ordem e de carinho. Se os adultos demarcam os limites entre a conduta aceitável e a inaceitável, a criança desenvolverá recursos psicológicos para superar a frustração, algo que lhe será útil para o resto da vida.

Comer juntos não é só uma comodidade para a pessoa que prepara a comida, mas significa reunir-se como grupo, inteirar-se do que acontece na vida de cada um e falar do que acontece na vizinhança e no mundo. Os filhos aprendem a escutar, a esperar sua vez e a sentir prazer em conversar e em estar juntos. Trata-se de alimentar-se num sentido amplo, e esse processo já começa quando são bebês, pois entendem o que é o intercâmbio humano antes de saberem falar.

A vida das crianças mudou muito se comparada à situação de meio século atrás, mas nem tudo melhorou. Brincam menos ao lar livre, e portanto conhecem menos os limites de seu corpo e se acostumam menos à pequenas feridas. Não praticam tanto as habilidades sociais, como negociar com as outras crianças para decidir qual será a brincadeira ou para compor o time de futebol. Essas atividades tradicionais da infância eram de certo modo a base da saúde física e psíquica do indivíduo e do bom funcionamento da sociedade.

Na nova democracia familiar, *infantocêntrica*, a ênfase é posta sobretudo em conseguir que todos estejam felizes. Colocar a criança no centro da vida familiar constitui um perigo psicológico ao se superdimensionar sua importância no mundo. Muitos pais se sacrificam por seus filhos, mas não recebem quase nada em troca, porque os filhos adotaram a idéia de que tudo lhes é devido. A falta de gratidão e a má conduta são muito mais preocupantes e decepcionantes para os pais do que a possível falta de certos conhecimentos escolares. Entretanto, deve-se evitar que os pais debilitados cedam perante filhos exigentes e que os filhos tomem o poder. Em vez de educar democratas, corre-se o risco de produzir ditadorezinhos. É bom que todos tenham voz e voto, mas, em última instância, quem decide devem ser os adultos.

A maturidade pessoal de todos e cada um dos membros da família influencia na convivência. Hoje não é estranho ver alguns pais que se esforçam por parecer tão jovens quanto seus filhos. Em vez de ensinar aos filhos uma conduta responsável, os próprios pais dão o exemplo de uma conduta irresponsável, às vezes bebendo muito álcool, tendo uma vida sexual promíscua ou não honrando seu trabalho. Em vez de um modelo positivo, do qual os jovens necessitam, eles têm em casa, às vezes, um antimodelo. Só os jovens mais fortes conseguem transformar essa experiência na decisão de não ser como seus pais, tornando-se de certo modo os "pais de seus pais".

Com o aumento das separações matrimoniais, as sociedades ocidentais estão realizado um macroexperimento antropológico no campo da família, um experimento realizado não segundo certa ética, mas em nome da liberdade individual. Se um dos pais está ausente, funciona mal o triângulo familiar de pai, mãe e filho, porque tanto filhos como filhas necessitam da influência tanto do pai como da mãe. Se a influência do pai estiver ausente, é fácil que a influência da mãe cresça demais. Em algumas ocasiões, a mãe se torna demasiado protetora, ao passo que, em outras, o filho vem a cumprir em grande parte o papel do pai ausente. Também sucede de a mãe decidir emancipar-se e realizar seus sonhos de independência, e não dedicar atenção suficiente à educação dos filhos.

A separação matrimonial dos pais é um dos traumas mais profundos para um filho. Os filhos querem os dois pais, não desejam escolher entre eles e detestam ouvir falar mal de um deles. Os filhos costumam pensar que poderiam fazer algo para evitar a separação, e isso os leva às vezes a se sentirem culpados. Os pais costumam mudar como conseqüência da separação, de modo que os filhos perdem seus pais de diferentes maneiras. Ademais, talvez a mãe fique deprimida, talvez haja menos vida social na casa, e talvez entre menos dinheiro no lar. Se ingressam no ambiente familiar novos parceiros dos pais e até novos irmãos e familiares, o estresse pode chegar a ser muito grande.

O conceito de filiação expressa a consciência de quem são os nossos pais e a que família pertencemos. Saber que seus pais são pessoas honradas que se respeitam mutuamente e que são respeitadas por outras pessoas constitui uma herança essencial ainda que invisível. Não saber quem são seus pais constitui, ao contrário, um elemento de insegurança. A obrigação de casar-se porque a noiva engravidou pode nos parecer um costume antiquado hoje em dia, mas não é tão certo que fosse mal para os filhos e para a sociedade. Crescer com um pai responsável presente no lar é importante, e é difícil que um país tenha um bom nível de educação se é comum as meninas ficarem grávidas quando jovens e depois levarem os filhos de relacionamento em relacionamento. Sabemos que essa situação pode criar um forte rancor contra as mães, sobretudo entre os filhos homens adolescentes.

Esse experimento de novas estruturas familiares vem acompanhado de novas tendências na cultura popular. Já não se propaga um modelo de responsabilidade, de esforço e de trabalho como sendo necessário para progredir, mas impôs-se outro modelo de prazer imediato. A publicidade diz que "você merece" isso e aquilo, e "por que esperar?". Poderíamos chamar a filosofia que está por trás dessa publicidade de hedonismo. Antes falava-se do culto à personalidade do líder totalitário, mas agora cada um se rende ao culto de si mesmo, um narcisismo. As revistas estão cheias de conselhos sobre como melhorar nossa imagem perante o mundo. A idéia de responsabilidade pela família foi substituída pela arte de manejar múltiplas relações.

Essas revistas ocultam que a tarefa mais importante da vida de um pai ou de uma mãe é educar bem seu filho, e essa tarefa não termina porque o filho está na escola, evidentemente. Por exemplo, os pais devem continuar, à tarde, perguntando ao filho como foi no colégio de maneira geral, e também sobre o que se falou nas diferentes matérias, e o que ele pensa sobre o que aprendeu. Assim os pais conferem valor não só à criança mas também ao seu trabalho escolar, estabelecendo um vínculo entre o filho, a família e a escola. O filho pensará que, se seus pais perguntam pelo que fez, o conteúdo do trabalho escolar interessa aos adultos e não pertence somente ao mundo dos jovens.

Também é importante que os filhos vejam seus pais lendo e comentando entre si o que leram, por exemplo na imprensa. Em geral, ter à mesa uma conversa que não toca só aos assuntos práticos imediatos mostra à criança que é normal interessar-se por temas mais amplos. Também pode-se tentar fazer os filhos gostarem dos jogos familiares de perguntas e respostas em vez de jogos similares na televisão.

Atualmente, é freqüente as crianças dedicarem seu tempo livre aos jogos eletrônicos, e não à leitura. Que fazer para que leiam também? Pode-se estabelecer uma rotina diária, dedicando uma hora antes de dormir para lerem juntos e conversar. Usar um livro como elemento organizador da intimidade entre pai e filho tem muitas vantagens. Primeiro, é uma maneira de iniciar a conversa. Muitas crianças não dizem nada quando lhe perguntam como foi seu dia. Não estão acostumadas a buscar em sua memória e pensar sobre o que aconteceu. Contudo, quando escutam uma história, é possível que recordem diferentes episódios do dia, e que queiram comentá-los. Se o filho não começou a ler por gosto, talvez o pai ou a mãe possam escolher um livro atraente para lerem juntos. Depois de estabelecer a rotina de leitura e a conversação, pode-se tentar fazer com que o filho leia uma página e o pai ou a mãe o resto do capítulo. O hábito de ler juntos também traz temas que permitem fazer associações comuns: "Isso é como o que o Pedro fez na história"; "olha, uma casa como aquela que aparece naquela história"; "ela está triste como o personagem tal...", o que reforça a recordação da história e reforça o laço entre pai e filho. É particularmente útil que seja o pai quem lê com seus filhos, porque hoje em dia alguns adolescentes homens associam a leitura a algo feminino. O colégio promove a leitura, mas, se a família também passar a mesma mensagem, será mais eficaz.

O que fazer se os adolescentes só se atraem por jogos eletrônicos ou se estão sempre escutando música com fones de ouvido, dando a impressão de estarem em outro mundo? Primeiro, ter em casa um aparelho de som, um computador e uma televisão é uma tentação a que se leia menos. O acesso à diversão eletrônica durante as 24 horas do dia pode ter como resultado que o filho estude menos e durma menos do que necessita. Os jogos eletrônicos e a televisão são muito sedutores. Todos sabemos que há uma discussão sobre ser ou não perigosa a cultura da televisão e dos jogos eletrônicos. É certo que um jovem costume ser capaz de distinguir entre o que é um mundo de ficção e o verdadeiro, mas, seja como for, os jogos roubam o tempo de outras experiências possíveis, como a leitura e a vida social com a família e com os amigos. O mundo eletrônico leva a um estilo de vida sedentário, e os jovens precisam se mover para aperfeiçoar sua motricidade. Os defensores dos *videogames* costumam dizer que estes às vezes se baseiam em elementos da história ou da geografia, e que exercitam a capacidade de tomar decisões. Contudo, não está provado que contribuam mais para o desenvolvimento que outras atividades.

A informática produz em nós a impressão de estarmos em outro lugar, e às vezes também em outra época, algo que tem em comum com os livros. Entretanto, muitas vezes a informática nos dá a ilusão de podermos estar em vários lugares ao mesmo tempo, de tal modo que perdemos a sensação de presença, frescor e contato que nos dá o encontro real com outra pessoa num determinado lugar. O turista que vive preso ao seu celular com *internet* pode não ver realmente o lugar que visita, porque sua atenção está dividida. Quem está ocupado mandando mensagens a um amigo durante um passeio com outro está meio passeando e meio comunicando-se através do telefone, deixando descontentes os dois amigos. É certo que já não dependemos tanto do lugar em que estamos, mas isso tem como contrapartida que não estamos realmente nem em um lugar nem no outro.

Muitos pais com educação superior ficam estupefatos ao ver que seus filhos não lêem. Para fomentar a leitura de seu filho adolescente, os pais podem, em primeiro lugar, falar com regularidade de livros e das notícias do jornal. Há pais que, para tentar solucionar o problema, prometem algum dinheiro aos filhos se lerem, por exemplo, dez livros, com a esperança de que assim se contagiem com o vírus da leitura e continuem lendo por conta própria. Porém, o método mais seguro é introduzir o filho à leitura quando ainda é pequeno. Se isso não foi feito, fica mais difícil consegui-lo mais tarde, e será preciso, no mínimo, a combinação de um bom colégio e de muitos esforços da família. Em outras épocas não tão distantes havia o costume em muitas famílias de ler juntos em voz alta, por exemplo durante as férias, porque isso criava um laço emocional. E é estupendo quando o filho encontra um amigo aficionado pela leitura.

O tema dos amigos é muito delicado. Antes se dizia simplesmente que fulano não era um amigo recomendável e se proibia o filho de se juntar a ele. Agora parece-nos pouco democrático dizer isso, porque o seu filho talvez possa ajudar aquele outro. Contudo, se o outro jovem ensina maus hábitos ao seu filho, é preciso fazer alguma coisa. Por exemplo, o que hoje dá medo nos pais são as drogas. Para começar uma conversa com o filho, pode-se perguntar como ele quer viver, quais são seus ideais e suas metas, e dizer que ele deve refletir sobre que tipo de amigo prefere. Pode ser uma boa idéia apresentá-lo a outro círculo de amigos, por meio do gosto por aprender a tocar um instrumento ou praticar um esporte. Pode-se até mudá-lo de colégio. É claro que o filho pode se incomodar se os pais intervierem desse modo em sua vida, mas o filho ter amigos com qualidades desejáveis é um bem que não tem preço.

Se os pais se vêem obrigados a proibir algo, devem primeiro estar de acordo entre si. Também terão de mostrar ao filho que não se trata de um ato autoritário gratuito, mas de algo fundado nas experiências dos pais. Um tema conflituoso na família pode ser a hora de deitar-se, e toca aos pais a responsabilidade de que a casa esteja tranqüila durante as horas antes de o filho ir para a cama, evitando ruídos altos e discussões acaloradas. Quanto à hora de deitar-se, é claro que o dever dos pais é exigir que o filho interrompa suas atividades para dormir. Se o problema são os colegas do colégio, os pais podem fazer contato com o professor responsável pela sala, com o psicopedagogo do colégio ou com os pais dos colegas em questão, se for possível. Atualmente dão-se casos em que o colégio não se atreve a intervir, mas no outro extremo são muitos os pais dispostos a defender seu filho mas não a corrigi-lo, e também há pais que têm eles mesmos problemas, que não têm energia para controlar o filho.

Hoje em dia fala-se mais de assédio escolar do que antes, mas é difícil saber se esse fenômeno realmente aumentou. Seja como for, poucos se detêm a considerar a possível relação entre o assédio e as mudanças pedagógicas. É possível que o assédio tenha aumentado com o igualitarismo e com a escola *compreensiva* porque alguns alunos ficam para trás enquanto outros estão entediados. Nos dois casos, a falta de flexibilidade do programa oferecido pela escola pode influenciar a má conduta de alguns alunos, sobretudo se isso estiver unido a um regulamento escolar laxo. Se a escola igualitária passa os alunos de ano mesmo que não conheçam os conteúdos dos anos anteriores, o sistema cria, dentro de cada classe, um subgrupo cada vez maior que não é capaz de seguir o programa daquele ano. Dessa forma, a situação se torna frustrante não só para muitos alunos mas também para os professores, que acabam desiludidos.

Numa situação de assédio, o que o professor pode fazer é falar individualmente com o agressor e, além disso, mandá-lo para o diretor ou para o psicólogo. Dentro da classe, pode separar as crianças em questão, pode mencionar o problema numa reunião com os pais dos alunos e pode reunir a turma para falar da situação apelando para sua compreensão e boa vontade. Existem programas *anti-bullying* que preconizam interromper o aprendizado para discutir com o grupo cada vez que alguém disser um palavrão ou empurrar o outro. Esse método tem a desvantagem de prejudicar a turma inteira, porque assim o tempo não basta para aprender tudo o que é preciso segundo o currículo. Os alunos tornam-se especialistas no uso de um jargão psicológico, mas não em matemática. Às vezes não resta outra solução senão mudar um dos alunos de turma; dever-se-ia mudar o assediador, mas isso nem sempre ocorre.

Não é fácil ser pais hoje em dia, e as dificuldades disso são diferentes das que tinham as gerações anteriores. As dificuldades materiais da educação costumam estar mais ou menos resolvidas, mas é tão ou mais difícil levar o filho pelo bom caminho entre todas as tentações da vida moderna. Os pais não podem se apoiar tanto quanto antes na tradição, no que eles mesmos aprenderam, no que os outros pais fazem ou no que a escola diz, mas precisam elaborar ou buscar uma filosofia da educação.

5 Problemas que requerem ajuda especializada

Todas as crianças necessitam ter sucesso, um mecanismo psíquico importante com o qual os políticos deveriam se preocupar. Para enfrentar a vida diária, é fundamental saber que é possível sair-se bem em suas tarefas. Numa turma de trinta alunos de uma escola, nem todos têm uma inteligência "normal", se pelo conceito de normal queremos dizer mediano ou médio: cerca de 50% têm um nível mais baixo. Se designamos como normal os que estão na faixa média, é evidente que também haverá alunos que não se encontram nela, aos dois lados deste grupo central. Ora, tanto políticos como pais têm dificuldade em aceitar que um jovem não seja normal no sentido de médio. Age-se como se todos pudessem estar acima da média. Além dos problemas originados pelas políticas educativas, há outros de índole mais pessoal ou familiar, às vezes agravados pelo ambiente menos estruturado que reina atualmente em muitos colégios.

Hoje em dia os tratamentos psiquiátricos tendem a ser cada vez mais breves, e usam-se programas específicos durante algumas semanas com a meta de que o jovem se reintegre em seu ambiente o quanto antes. O psicólogo ou o médico costuma partir da necessidade de que a criança se adapte à situação, que é a lei da vida. Contudo, como temos visto, os pedagogos atuais tentam, ao contrário, proteger os jovens da sociedade, adaptando a escola ao aluno. O resultado é que os alunos são menos capazes de se desenvolver na sociedade, porque foram protegidos das experiências em vez de preparados para enfrentá-las. A pedagogia atual, nesse sentido, é um campo que está menos baseado na realidade do que a medicina ou a psicologia.

Em geral, para o desenvolvimento normal de uma criança é positivo o intercâmbio, a conversação, a informação e o estar juntos e, ao contrário, se uma criança da idade de dez anos está ficando de fora do seu grupo, existe uma alta probabilidade de que adote uma conduta anti-social quanto for adulta. Para serem aceitos num grupo da sua idade, os jovens e as crianças precisam ser positivos, mostrar companheirismo, destacar-se no esporte e saber incluir os outros e entender seus sentimentos... Os adultos podem ajudá-los a desenvolver essas habilidades.

As crianças costumam interiorizar as condutas dos pais espontaneamente, pelo menos se não houver discrepância entre as palavras e a conduta dos pais. Ao chegar à idade escolar, não lhes custa acatar as regras de conduta do colégio se tiverem se identificado desde bebês com uma pessoa adulta, e se confiam nos adultos. É pouco freqüente os jovens com menos de dezesseis anos não obedecerem a seus pais. Ao contrário, se um jovem não se identificou com outra pessoa antes da idade dos três anos, custa muito reparar o dano, como comprovam os pais que têm filhos adotados. Os jovens que recusam as normas sociais quase sempre viram essa conduta em sua casa, ou seja, eles também estão imitando. Como se sabe, os filhos imitam o que é bom, o que é mau e o que é estranho, e até as peculiaridades no falar e no caminhar de seus pais.

É de grande valor para a saúde mental dos filhos que os pais dêem prova de um equilíbrio psicológico. Isso é muito mais importante do que o nível econômico da casa. Ao contrário, as contínuas discussões e a inconsistência nas regras da casa tornam-se obstáculos para o desenvolvimento do jovem e, entre os garotos delinqüentes, é comum encontrar um pai duro combinado com uma mãe permissiva, ou o inverso. De vez em quando, os pais repetem o modelo de educação segundo o qual foram educados, sem se dar conta de que talvez existam outros melhores.

Quando se trata de ensinar novos hábitos, a retroalimentação deve ser o mais imediata possível. Para mudar uma conduta negativa no jovem, recomenda-se dividir o mau costume em várias partes para que ele possa deixar para trás, um após outro, esses maus hábitos. O sucesso é mais provável se o adulto não tenta mudá-lo todo de uma vez.

Além dos problemas cotidianos, os pais, professores e psicopedagogos devem estar alerta para algum outro tipo de problema físico ou psíquico que influencie o comportamento da criança ou do jovem. Muitos problemas podem ser resolvidos com a conversa, mas de vez em quando é preciso buscar a ajuda de um médico ou de um psicólogo. Estes tentarão entender como funciona a família, porque é possível que o jovem esteja expressando um mal que é de toda a família. Se o problema acarreta uma dor ou uma restrição social, se impede o desenvolvimento do jovem ou se influencia na vida dos outros, é preciso fazer alguma coisa. A interdependência entre o jovem e a família se nota também no fato de que o problema psíquico de um membro da família afeta todos os seus membros. Entretanto, também é preciso dizer que uma mesma família pode ter efeitos diferentes sobre filhos diferentes, porque isso não depende apenas de como é a família, mas também de quem é o filho.

Se passamos agora a numerar rapidamente outras situações que necessitam de ajuda especializada, podemos mencionar primeiro que um problema de aprendizagem pode estar relacionado a um problema de audição. Se o aluno não ouve o que o professor diz, sente-se frágil e inseguro, o que pode levá-lo a evitar responder na aula. Talvez precise ficar sentado próximo do professor, e talvez lhe seja útil uma sala tranqüila, sem ruídos. Também em casa é benéfico para ele que reine o silêncio, que os membros da família falem num tom de voz normal e não gritem, e que a televisão não esteja sempre ligada.

O aluno também pode ter problemas de visão. Talvez não leia bem nem os livros nem a tela, porque não enxerga bem. É uma mudança positiva enorme ver o mundo através de óculos adequados depois de ter precisado adivinhar o que tinha à frente. Nem sempre as famílias, nem mesmo os professores, se dão conta de que a visão pode ser a raiz de um problema de aprendizagem. Os problemas de visão podem passar despercebidos, por exemplo, nas crianças muito espertas, porque, sendo inteligentes, compensam a visão ruim com sua inteligência geral.

A dislexia é um problema fonológico que significa que o aluno não percebe claramente os sons. O problema é notado desde antes de a criança aprender a ler, porque ela mistura a ordem dos sons quando fala e costuma articular mal as palavras. Recomenda-se que os pais e professores falem muito com as crianças com dislexia, que utilizem rimas e canções para melhorar a consciência da criança da diferença entre

PROBLEMAS QUE REQUEREM AJUDA ESPECIALIZADA

um som e outro. Essas crianças precisam de uma dose muito grande de conversação, precisam escutar os adultos lerem e, depois, da prática da leitura. O problema não tem cura, mas a criança pode aprender a viver com sua dificuldade. Para ajudar a criança, a família tem de participar ativamente do aprendizado escolar, ajudando com as tarefas. Mesmo assim a criança terá de trabalhar mais para obter um resultado menos bom. Já que a leitura lhes custa tanto, é freqüente esses jovens se dirigirem a atividades não-verbais, como o trabalho manual, os esportes, a música e as artes plásticas.

A dislexia não tem conexão com a inteligência, mas, se a família não apoiar o filho no desenvolvimento de suas habilidades escolares ano após ano, este aprenderá menos que os colegas. As pessoas de temperamento intelectual com problemas de dislexia costumam utilizar o rádio e os audiolivros, e assim adquirem conhecimentos amplos e variados sem ter de ler tanto. Escutando audiolivros, têm acesso a um vocabulário culto que lhes ajuda nas circunstâncias em que têm de ler.

Os jovens com dislexia precisam dedicar mais horas ao estudo para aprender o mesmo que os outros alunos. Ademais, beneficia-lhes um ensino tradicional em que o professor explique a matéria de maneira sistemática e clara à turma. Assim, no melhor dos casos, aprendem por via auditiva sem ter de ler. Os métodos de trabalho individual são difíceis para eles, porque baseiam-se na leitura, e o trabalho em grupo muitas vezes se converte em trabalho individual apresentado como se fosse fruto de uma colaboração. Em outras ocasiões, é um colega quem explica no lugar do professor, mas é pouco provável que um aluno explique tão bem quanto o professor, de modo que o aluno com dislexia perde tempo na aprendizagem. A escola pode ajudá-lo permitindo-lhe de vez em quando fazer uma tarefa por via oral e não escrita. Alguns recomendam que os alunos com dislexia utilizem sempre o computador para escrever, porque assim seus escritos ficarão mais legíveis. Contudo, o aluno não deve deixar de escrever também à mão, porque a ortografia costuma se firmar pelo movimento da mão ao formar as letras.

O déficit de atenção TDA é um problema que muitas vezes aparece junto com a hiperatividade TDAH. As crianças que apresentam este último problema costumam ser impulsivas e agir sem pensar nas conseqüências, e sem levar em conta como os outros vão reagir. Essas crianças caracterizam-se por não ficarem quietas, por se moverem e tocarem em tudo, distraindo-se da tarefa que estão realizando. Ilustram indiretamente como é importante ter autocontrole, tanto sobre o corpo como sobre a mente. Para explicar essa conduta, o ambiente da casa é um fator essencial. O problema aumentou durante as últimas décadas, e muitos estudiosos sustentam que o fenômeno tem uma relação com as mudanças na família e com as mudanças gerais no modo de vida. Os problemas costumam diminuir quando o jovem chega à idade adulta, mas então seu problema consiste em não ter aproveitado suficientemente seus anos de formação. A hiperatividade é um problema grave não só para a criança, mas para a família e também para a escola, porque corre-se o risco de que os demais alunos também percam a concentração. Os jovens com problemas de hiperatividade podem se sentir mal aceitos, podem se opor à autoridade e entrar em conflito também com outros jovens.

É um sacrifício cansativo conviver com jovens com déficit de atenção e hiperatividade. Algumas das medidas que pais e professores podem tomar são as mesmas que para os alunos que ouvem mal ou que têm dislexia. A paciência dos adultos deve ser infinita, porque, para esses alunos, estudar custa muito, o que não significa que não tenham de fazê-lo. Tanto em casa como em sala de aula precisam de um lugar tranqüilo onde ninguém os incomode e onde não haja nada que os distraia. Necessitam de pausas no trabalho para brincar ou correr. As tarefas devem constituir desafios, mas não impossíveis. Necessitam de um plano de trabalho claro, que especifique quanto vão trabalhar, quantas pausas vão fazer quais são as metas. É útil colocar na parede um cartaz com as regras. Necessitam formar-se e, ao mesmo tempo, é preciso velar por seus colegas, para que estes não se vejam afetados em seu direito a serem educados. Em alguns casos os médicos podem receitar-lhes medicamentos para melhorar sua capacidade de concentração, para que não deixem passar a oportunidade de aprender o que precisam para a vida adulta.

Um problema diferente é a ansiedade, que pode ser passageira ou uma condição que necessite de ajuda especializada. Um tipo de ansiedade freqüente é a da criança que não se atreve a deixar sua mãe, talvez por um temor nascido de uma separação conjugal ou da doença ou da morte de um dos pais. A reação da criança pode se manifestar com meses de atraso. A ansiedade costuma se revelar como uma dificuldade para dormir e para se concentrar no trabalho escolar. O que os pais podem fazer é explicar a situação para o filho e mostrar-lhe que estão ao seu lado. Se a ansiedade persistir, será preciso pedir ajuda profissional.

Não só os adultos, mas também as crianças podem sofrer depressões. Alguns sinais da depressão podem ser o jovem ficar irritado, não se concentrar ou ter dificuldade para dormir. A depressão pode se manifestar como uma negação de participar da vida da família ou da escola. Trata-se de uma condição muito séria que necessita de um tratamento especializado.

Algumas crianças desenvolvem uma fobia do colégio e se negam a ir para a aula. A fobia pode ser causada por um colega, por certo professor ou, por exemplo, pela aversão a uma aula, como educação física. Às vezes, o problema é uma falta geral de auto-estima, que faz com que o aluno queira evitar as situações nas quais se sente inseguro ou inferior aos demais. É importante que os adultos reajam o mais rápido possível.

Outro tipo de ansiedade é o estresse escolar devido à vontade de obter bons resultados e, de novo, a dificuldade para dormir é um sintoma do problema. Esse estresse pode ter em sua origem a pressão dos pais para que o filho obtenha melhores resultados do que se sente capaz. Pode também ser a vontade do filho de estar entre os melhores. Em algumas crianças e jovens isso não constitui um estresse, mas um estímulo, mas é preciso estar alerta à situação individual. Há crianças que, por diferentes razões, não suportam estar numa situação de exigência.

Um caso extremo pode ser a tendência de algumas crianças a se machucarem a si mesmas, por exemplo provocando feridas nos braços. Alguns adolescentes não sabem controlar suas emoções, muitas vezes literalmente não sabem o que fazer com elas. Muitas vezes os jovens que agem dessa maneira para chamar a atenção de seu entorno são meninas que vêm de um ambiente familiar caótico, mas as razões podem ser diversas e é preciso apoio externo para abordar a situação.

Quanto ao assédio escolar, este pode adotar a forma de palavras ofensivas, apelidos, ridicularização ou empurrões não vistos pelos adultos, e pode fazer a vida de uma criança virar um inferno. Desde logo os adultos devem estar muito atentos e devem garantir que nenhuma criança seja maltratada. É preciso perguntar, não obstante, se esse fenômeno não aumentou devido a uma certa pedagogia moderna que favorece a inclusão acrítica nas aulas de alunos que têm necessidades educacionais muito diferentes entre si e, ademais, num contexto de relativização das normas e da autoridade da escola.

A condição mais complicada de todas poderia ser a chamada conduta inadaptada. É muito difícil ajudar as crianças inadaptadas, mas é muito importante fazê-lo. As conseqüências de seus atos podem ser negativas para si mesmos e para a sociedade. Caracteriza-lhes a falta de empatia pelos demais e também a ausência de sentimento de culpa. Às vezes o problema pode ser rastreado até seus primeiros anos de vida, onde encontramos uma falta de relação e de afeto de sua mãe ou de outra pessoa. Em alguns casos, pode-se observar uma história familiar de abusos com pais violentos, alcóolatras, viciados em drogas ou que abusam sexualmente de seus filhos. O resultado pode ser uma perda de auto-estima por parte do filho, seguida às vezes de uma interiorização dos valores abusivos dos pais.

Os jovens de conduta inadaptada caracterizam-se pela agressividade, por se meterem em confusão e por sua crueldade contra as pessoas e os animais. Em seu trato com as pessoas, são notáveis a mentira e o engano. Quanto aos objetos, são freqüentes os roubos e a destruição de bens comuns ou individuais pelo puro prazer de destruir. Podem deixar de ir ao colégio ou de passar a noite em casa. Sua personalidade anti-social pode ser observada, em geral, já aos dez ou doze anos. É típico, ao se tentar abordar essa situação, que as crianças se comportem com impassibilidade, e que seja difícil conseguir uma reação de sua parte. Negam-se a pedir perdão pelo dano que causam aos demais talvez porque não vejam os outros como pessoas. Os alunos anti-sociais não carecem necessariamente de inteligência, mas, se não estudam, é inevitável o atraso em comparação com os colegas. Quando um professor lhes dá uma nota ruim, podem perceber esse ato como uma afronta, e sua reação é tentar vingar-se. Sua conduta faz com que os outros alunos os evitem, o que os leva a juntarem-se com outros iguais, formando às vezes uma gangue que pratica atos anti-sociais.

É um processo longo e ingrato, mas crucial, tentar influenciar o comportamento desses jovens. Para começar, não se deve permitir que fiquem na rua sem nada para fazer. Em casa ou no colégio, nunca se deve aceitar um comportamento agressivo ou cruel. Os adultos devem entrar num acordo para focar uma ou duas condutas essenciais, buscando que o jovem mude esses comportamentos, deixando para mais tarde as condutas meramente irritantes. Atualmente, a permissividade geral dificulta agir de maneira contundente, e tanto as escolas como os pais vacilam, também porque já não sabem se uma atuação enérgica é permitida pela lei.

Finalmente, deve-se mencionar também o consumo de drogas, muito generalizado entre os jovens, por conta dos efeitos negativos que tem no jovem, que chega a perder o interesse pelo mundo em geral e pelos estudos em particular. As drogas danificam irremediavelmente o cérebro numa idade em que este está se desenvolvendo. O bem-estar que pode sentir num primeiro momento engana o jovem, que não se dá conta das graves conseqüências do consumo. De nenhuma maneira as drogas devem ser aceitas como algo inócuo ou passageiro, e tanto os pais como os professores devem falar e agir sem ambigüidade a respeito.

6 | Conclusão: O porquê da crise da educação e como sair dela

A nova pedagogia introduzida com alto investimento nos países ocidentais decepcionou até os igualitaristas. Contudo, o retorno não costuma ser para uma concepção da educação segundo um humanismo histórico, mas os antigos partidários da nova pedagogia continuam sendo "neófilos", no sentido de que continuam se interessando pelo que é "novo". Agora sonham com uma tecnologia para salvar suas idéias centrais apesar dos resultados negativos que produziram. Ainda que pareça moderno usar a tecnologia, em realidade trata-se de um pensamento romântico. Neste capítulo vamos retomar os temas centrais da argumentação, completá-los, e destacar uma vez mais como estão inter-relacionados. Em particular, vamos dar ênfase ao conceito de maturidade como ideal para a educação, em vez da autonomia.

Existem algumas características gerais do nosso tempo que contribuem para criar um entorno hostil à educação. A tendência a pensar por opostos promove um debate sobre educação com contraposições forçadas: ou conteúdos ou métodos; ou incluir ou excluir; ou igualitarismo ou elitismo. Esses contrastes são típicos de um discurso politizado, projetado para criar uma impressão de conflito. A politização da educação se caracteriza por tirar o protagonismo do conteúdo estudado, insistindo na origem social do alunato e nos métodos de trabalho.

CONCLUSÃO

Desde logo esse debate interessa mais aos adultos que aos alunos, porque estes se adaptam rapidamente ao que têm à disposição.

A tecnologia foi introduzida massivamente na educação por imposição política. As metas que se tratou de atingir foram a modernização do ensino, dar um acesso igualitário à nova tecnologia e preparar a mão-de-obra adequada para o futuro. Contudo, o resultado é menos bom do que se esperava. As novas tecnologias poderiam ser utilizadas eficazmente, mas na prática foram acopladas a métodos pedagógicos como a autonomia, o trabalho em grupo e a supressão das provas em favor da entrega de trabalhos escritos. O uso educacional mais freqüente das novas tecnologias chegou a ser o uso da *internet*. Ao mesmo tempo, introduziram-se formas de trabalho mais livres, tornando cada vez mais difícil um ambiente ordenado na sala de aula. Tanto alunos como pais poderiam chegar a crer que a modernidade e a democracia significam a aceitação da desordem.

A crise da educação se deve a uma visão igualitarista, tecnológica e economicista da mesma, que não valoriza suficientemente o conhecimento em si nem o aluno em si, mas a igualdade entre os alunos e o bom funcionamento da economia. Poderíamos dizer que, na educação, impôs-se uma fusão do igualitarismo e do utilitarismo.

O Ocidente assistiu à aparição de um novo individualismo anárquico e hedonista, que se concretiza no culto de si mesmo e, caso existam, dos próprios filhos. Muitas vezes esse culto chega a estar ligado a um histrionismo, a uma necessidade de aparecer, por exemplo na televisão ou no *facebook*, ou também a um infantilismo associado ao erotismo. Pode-se falar de uma expansão do eu que não encontra limites. Essa corrente tem um caráter anti-social e, no caso das pessoas ou grupos mais frágeis, o fracasso naquilo que desejam pode derivar em atitudes de desconfiança, orgulho, subjetividade, hostilidade e rigidez pessoal, além de uma tendência a destruir irracionalmente seu próprio entorno.

Ligado a esse novo individualismo hedonista desenvolveu-se também um certo culto ao "gratuito", no sentido de que tudo tem de ser meu, imediatamente, e não deve custar nada. Curiosamente, ter tudo sem pagar é percebido como a maior liberdade, ainda melhor se derem mais a mim do que aos outros, e antes a mim que aos outros. Essa "gratuidade" das coisas e dos serviços é, naturalmente, uma ilusão, porque tudo isso que consideram gratuito é pago através dos impostos.

O importante é que estamos diante de uma mudança profunda, porque não se fala da liberdade de poder desenvolver-se, mas de receber benefícios sem custo, um infantilismo que se chegou a chamar de *Big Mother*. Não se quer ser adulto, independente, responsável, mas sim continuar sendo criança, protegido e dependente. Quando essa tendência se combina com o individualismo, aparecem cidadãos que se apresentam como detentores de direitos, e que ao mesmo tempo passam por cima do fato de que eles mesmos não cumprem com seus deveres cidadãos. Querem se aproveitar dos benefícios ao mesmo tempo que não contribuem com esse fundo comum de colaboração e de recursos que é a base da sociedade. São os novos vândalos, que não só destroem a propriedade física da sociedade mas, desde o interior da sociedade, a corrompem. O processo é tão lento que poucos se dão conta.

No avanço dessa mentalidade é muito notável a influência dos meios de comunicação. Muitos debates ou colóquios na televisão e no rádio poderiam ser considerados patológicos, no sentido de que não se discute para chegar a uma conclusão, mas trata-se de uma interminável repetição da mesma coisa entre pessoas sem credenciais para se pronunciar. Em alguns casos discutem temas que não merecem ser discutidos, mas condenados. Esses debates são uma maneira desonesta de tornar os temas mais opacos, uma vez que os participantes não tentam chegar à verdade, mas mostrar sua própria destreza no manejo da palavra, e assim conservar sua posição na vida pública. São sofistas, como no tempo de Sócrates. Assim, constituem um ruído no sentido tecnológico, algo que dificulta o bom funcionamento de um mecanismo.

Numa sociedade que funciona bem, os cidadãos incorporaram em seus costumes diários hábitos positivos para a sociedade, virtudes, e só uns poucos casos se tornam problemas para a justiça. As leis são para as infrações graves. Contudo, na sociedade moderna do bem-estar, ninguém se atreve a exigir dos demais cidadãos uma conduta moral, o que tem conseqüências negativas. Entre os cidadãos, são virtudes o trabalho, a limpeza, a cortesia, a responsabilidade, a autodisciplina e a honestidade. Em nenhuma moral é virtude o vício, a desonestidade ou a preguiça. A virtude tem relação com o fato de ser cidadão, porque há normalmente uma relação entre as leis e os costumes virtuosos. Na sociedade do bem-estar, alguns jovens, e outros que não são tanto, pensam que podem fazer qualquer coisa, porque crêem que a sociedade continuará mantendo-os façam o que fizerem.

CONCLUSÃO

A televisão pode dificultar o crescimento pessoal porque faz chegar a todos a imagem de um mundo de luxo e de sucesso aparentemente fácil. Como a televisão nem menciona os estudos e o esforço, dá a impressão de que o sucesso se conquista por sorte. A televisão pode ser informativa, mas os jovens vêem sobretudo os programas de entretenimento que oferecem ilusões. Se o jovem passa muitas horas diante da televisão, necessariamente terá menos experiências pessoais, e será mais difícil para ele tornar-se uma pessoa realmente madura e com senso de responsabilidade individual. O bem-estar combinado com os meios de comunicação corre o risco de produzir cidadãos sem experiências próprias profundas. Os jovens podem estar envelhecendo passo a passo sem terem aprendido com a vida, tornando-se crianças grandes. Pelo contrário, lendo textos e narrativas de outros séculos, e de um passado não tão distante, constata-se que os jovens queriam ser adultos quanto antes possível, e por isso aceitavam a responsabilidade diante da família, ficavam orgulhosos de estar em condições de trabalhar, respeitavam-se a si mesmos e os outros os respeitavam.

É trágica a figura atual da pessoa isolada que vive através da televisão e da *internet*, porque falta-lhe a participação numa rede de responsabilidades mútuas, o "dar e receber" típico de uma sociedade. Agora, as pessoas podem estar em comunicação diária com alguém do outro lado do mundo, mas não conhecerem seus vizinhos do apartamento ao lado.

Mencionamos a idéia, associada aos anos 60 do século passado, segundo a qual os seres humanos eram vistos como predeterminados pelas estruturas sociais, como pessoas sem vontade própria. Isso é o contrário do que dizem, por exemplo, os pensadores que escaparam da opressão comunista. O ex-presidente tcheco Václav Havel destacava a primazia da razão e da consciência, ironizando a geração de 68, que falava de liberdade ao mesmo tempo em que cria no determinismo social e no materialismo. É também do Leste Europeu que vem uma reflexão crítica segundo a qual ter liberdade de pensar é muito distinto de agir de qualquer modo. É preciso respeitar a convivência e a cortesia necessária para manter a vida social, e é um equívoco crer que a liberdade seja algo que não custa nada. A liberdade, com efeito, é poder utilizar os próprios recursos para realizar as próprias metas sem travas interpostas pelo Estado. Os intelectuais dos países do Leste Europeu admiravam a liberdade dos intelectuais ocidentais, mas não o uso que faziam dela. Parecia-lhes que os ocidentais traíam os ideais que professavam.

Estamos tão doutrinados e submetidos às idéias de 68, segundo as quais é proibido proibir, que não nos atrevemos a protestar contra as imagens ou manchetes que supõem uma invasão de nossa privacidade. É curioso que se proíba a comida não-saudável mas que se permita mostrar condutas anti-sociais na televisão sem reclamar. O bem-estar físico é mais importante que o mental?

Falamos de alunos, professores e pais. Quanto aos alunos, poderíamos destacar mais uma vez o conceito de maturidade, uma maturidade que aumenta quando o aluno encontra exigências. Entretanto, a maior parte dos pedagogos atuais costuma partir da convicção de que os alunos são bons e querem aprender por si sós. Esta é a base para dar-lhes autonomia. Uma visão mais realista consistiria em afirmar que os seres humanos não são bons nem maus, mas sim que precisam ser formados nas boas condutas. Os pedagogos não sabem o que dizer a propósito dos jovens que gostam de destruir e que não são capazes de se colocar metas positivas e de se guiar por elas. Ser construtivo em vez de destrutivo está associado a um amadurecimento psíquico, a uma satisfação consigo mesmo e a dar-se bem com os demais.

Para que os alunos possam agir de maneira responsável, devem poder prever o que a família e a escola vão exigir. Encontrar um ambiente previsível em casa e na escola ajuda o jovem a assumir a responsabilidade por seus atos. Também é necessário que haja sanções no caso de o jovem não cumprir suas obrigações. Uma sanção é um ato de autoridade por parte da instituição e tem a função de fazer com que o indivíduo assuma seus atos e saiba que pertence a uma comunidade. A sanção tem duas facetas: ressaltar que a instituição está ali para garantir o cumprimento das regras e, ademais, para orientar a conduta de todos no futuro. Se a instituição não reage contra o descumprimento das regras, é como dizer ao jovem que não há contexto social protetor e também que ninguém espera nada dele.

A vida poderia ser descrita como um lento processo de compreensão de si mesmo e do mundo na direção da profundidade e das nuances. Numa pessoa madura espera-se encontrar equilíbrio, sensatez, moderação e responsabilidade, enquanto que o contrário é uma pessoa infantil e egocêntrica. Amadurecendo, aprendemos a aceitar as tarefas e responsabilidades, primeiro para com os pais e irmãos, e depois para com os vizinhos, a professora da pré-escola, os professores e mais tarde para com o chefe. Um sinal de não ter amadurecido é não levar em con-

CONCLUSÃO

ta os demais, não cumprir o prometido e não corresponder à confiança dos outros. Se os pais não exigem que o filho obedeça, é provável que logo terão em casa um tirano que vai impor a eles sua própria vontade, fazendo dos pais seus servos.

Custa a muitos jovens aceitar a autoridade de outra pessoa. Foram tão mimados em suas casas que crêem não ter de se submeter às regras da escola, às leis da sociedade e à decisão do chefe da empresa. O amadurecimento dos jovens é essencial para a sociedade. É perigoso para todos se alguém chega a ser adulto com a força física de sua idade mas com uma mentalidade infantil. Torna-se pai, terá de educar seu filho sem ter ele mesmo amadurecido. A primeira coisa para ser um bom pai é mostrar-se responsável, cumprir sua palavra e estar presente ao lado do filho quando ele precisar de um adulto. Pensando nos dez mandamentos, o típico imaturo os vê como proibições e tenta safar-se deles, mas uma maneira mais madura de vê-los é considerá-los como conselhos positivos. Para viver em harmonia com sua família e sua sociedade, convém não contrariar essas regras. Os mandamentos, as leis e as regras não existem para podar nossas possibilidades, mas para limitar, na medida do possível, a infelicidade.

Um dos problemas com os imaturos é que não sabem que são imaturos. A maturidade dá uma perspectiva que permite reconhecer a imaturidade, mas a recíproca não é verdadeira.

Ademais, há na vida moderna uma série de influências que apóiam uma visão imatura da vida. Os jornais e os telejornais dedicam muito espaço às catástrofes e aos crimes, quando não se limitam a espalhar fofocas sobre políticos e resultados de futebol. O cinema e a publicidade atraem os espectadores com desejos desprovidos de realismo. A publicidade tenta nos fazer crer que, como por mágica, nos tornaríamos belos e desejáveis se utilizássemos seus produtos. Os programas de entretenimento mostram adultos brincando, comportando-se como crianças. Em vez da excelência de alguém que aprendeu ou a maturidade de alguém com experiências, domina a pura mediocridade. Idealiza-se o imaturo e o irracional. Esse estado de coisas está vinculado ao egocentrismo. O egocêntrico crê que não precisa mudar e que não tem necessidade de aprender. O imaturo costuma aceitar a fragmentação, por exemplo, da televisão, e se acostumou a não esperar outra coisa. A escola, enquanto idéia, representa o contrário: um esforço a longo prazo para confrontar-se com temas complicados. Os estudos ajudam a sair da imaturidade através das exigências e através do contato com a filosofia, a religião, a história, a literatura, a música, a pintura, a matemática ou as ciências naturais. O que sucede agora é que os jovens apenas passam por esses assuntos, porque estudá-los supõe um esforço, e o resultado é que a educação não chega a ter o mesmo efeito transformador que costumava ter.

A idealização da juventude nos deu uma curiosa perspectiva sobre a velhice. Age-se como se afastar-se da juventude fosse necessariamente algo mau. Em geral, os que amadureceram de modo algum desejam voltar à situação anterior na qual não tinham adquirido os conhecimentos e as experiências que têm agora. Quando pessoas de idades muito diferentes se casam, a possível tensão entre os cônjuges não tem a ver somente com a diferença de energia física, mas também com a maturidade. Seria curioso se estivessem numa fase existencial similar apesar de um ter mais idade que o outro. Somos o que vivemos e aprendemos. Pode-se fazer também um experimento mental. Se alguém nos oferecesse uma soma considerável para tirar de nosso cérebro, por exemplo, nosso conhecimento de línguas estrangeiras, as recordações das viagens que realizamos ou a capacidade de tocar piano, provavelmente muito poucos aceitariam o dinheiro. Tirar de nós algo que aprendemos e vivemos seria como nos transformar em outras pessoas. Ademais, tenham sido positivas ou negativas, vemos nossas experiências como importantes porque são nossas. Algo similar ocorre com a pergunta: "E se pudesse viver sua vida de novo, o que mudaria?". À maioria de nós só ocorrem pequenas alterações, porque, no momento de decidir, somos o resultado de nossas experiências. Por isso, a pobreza material não é pior que a pobreza mental, e sabem disso por exemplo as pessoas doentes ou os prisioneiros dos campos de concentração. Um prisioneiro e um enfermo podem se entreter pensando em suas diferentes vivências e também nos livros, nos quadros e na música que conheceram. As experiências vitais incluem as culturais.

Todas essas considerações têm conseqüências diretas sobre a vida social e política. A democracia como sistema de governo depende diretamente da maturidade dos cidadãos. Se estes não pensam mais que em seu próprio benefício a curto prazo, a qualidade da vida pública se deteriora. Se os políticos se concentram em oferecer subvenções, e se os cidadãos se acostumam a esperar ofertas desse tipo, a vida pública se envilece. Ter de se candidatar à reeleição a cada quatro anos submete

CONCLUSÃO

os políticos a um grande estresse, e isso talvez possa nos ajudar a entender por que caem na tentação do "curto-prazismo". Em realidade, o ideal seria que os políticos se comportassem como educadores ou pais, insistindo no que é bom a longo prazo. Isso pressupõe, por sua vez, que tenham uma compreensão profunda de como funciona a sociedade e daquilo que é bom e justo. A vida política consiste fundamentalmente em fatos morais. Ter nobreza de espírito significa rechaçar o cinismo e o jogo sem conteúdo e jamais dizer que não vale a pena defender o justo.

Estamos numa situação em que é preciso voltar a insistir na função dos pais. Devemos "repaternizar" a sociedade. Muitos pais fugiram de sua tarefa de educadores. Alguns não querem ser adultos, e sim adolescentes como seus filhos. Estes pais não querem aceitar suas responsabilidades e crêem que a sociedade se ocupará de tudo: são produtos da sociedade do bem-estar e crêem ter direito a que a sociedade se ocupe de tudo, incluindo educar seus filhos.

Dados Internacionais de Catalogação na Publicação (CIP)

Enkvist, Inger
    Educação: guia para perplexos / tradução de Felipe Denardi –
Campinas, SP: Kírion, 2019.
    Título original:
    Educación: Guía para perplejos

ISBN: 978-85-94090-23-2

1. Educação 2. Ensino
I. Autor II. Título

CDD 370 / 371-102

Índices para catálogo sistemático:
1. Educação – 370
2. Ensino – 371.102

Este livro foi composto em Adobe Caslon Pro e Scala Sans e
impresso pela Gráfica Eskenazi, São Paulo-SP, Brasil, nos papéis
Pólen Soft 80gr/m² e Triplex 250 gr/m².